# THOŊ DU PEEI:

Luɔɔi, wuɔ̈c de akeer ku aguiɛɛr de thuɔŋjäŋ.

Arɔk Alëu Arɔk

## A Note from the Publisher

The publisher wishes to acknowledge and thank Dr Douglas H. Johnson for his invaluable help and support for Africa World Books and its mission of preserving and promoting African cultural and literary traditions and history. Dr Johnson and fellow historians have been instrumental in ensuring that African people remain connected to their past and their identity. Africa World Books is proud to carry on this mission.

Copyright © 2016 by Arɔk Alëu

All rights reserved. No part of this book may be reproduced or transmitted in any form or by electronic or mechanical, including photocopying, recording, or by any information storage and retrieval system without permission in written form from the author or concerned group.

First printed in Victoria, Australia 2016 by Thoŋ du peei

Reprinted in this format 2020
ISBN 978-0-6487937-0-0

Buŋ ŋoot kueer yic:

"Cieŋ, dök ku yath: Piath ku yic thieek de cieŋ de Tu̱rc"

# KÄ TƆU THÏN

I. Thön/kë ba muk mom   6
II. Wëtmom   8
III. Alɛɛc   11
IV. Awër/awuëu   14

Biäk Tueeŋ:

Akeer ke thuɔŋjäŋ; luɔɔi den ku wuɔ̈c den.

1. Akeer dït ku akeer thii   20
2. Wuɔ̈c de akeer dheu ku akeer yäu   32
3. Wël nɔŋ yiic akeer dheu ku akeer yäu ke reu wuɔ̈c   59
4. Wël thöŋ ë akeer keek në gäär ku ka wuɔ̈c në cöt   72
5. Akeer dheu ku akeer yäu në rin ke kɔc yiic   84

## Biäk de reu: Aguiɛɛr de thok (gëräma).

6. Tök ku kä juëc   89
7. Wël wuɔ̈c   113
8. Wël thöŋ   121
9. Kë de aköl wuɔ̈c   137
10. Aluui/Bëëp   149
11. Awuëu/Ajɛktip   154

12. Awuëudït/Adïbëp   179

13. Aŋɔi, Arëkrëk ku Alök nyïn yiic   180

    Adhuknïïm   193

    Buɔ̈k ba ke kueen   196

**THOŊ DU PEEI**
Luɔɔi, wuɔ̈c de akeer ku aguieer de thuɔŋjäŋ.

## i. Thön/kë ba muk mom

Ke cïn kë ca guɔ kueen athöör yic, ke yïn than ba ŋic mɛn na rëk ke të cïnnë wël gät thïn në ye athöör ë yic awuɔ̈c amääth ke buɔ̈k/athöör kɔ̈k ke thuɔŋjäŋ ye ke ŋuɔ̈ kueen. Në ye buŋ ë yic, ke wël thii ke thuɔŋjäŋ ye ke cuɔ̈ɔ̈t yiic ka ye ke rek në gäär cïmɛn de **acie, wëtic**, **ic** ku **kedhie** aa cï them bï ke gät piny ke ke ye wël kääc në röt ke pëi. Täu den në ye athöör ë yic akï:

| | |
|---|---|
| Acie | Acïï ye (Acïï ye ye) |
| Aacie | Aa cïï ye |
| Aacï | Aa cï |
| Aaye | Aa ye |
| Aabï | Aa bï |
| Aake | Aa ke |
| Aatɔ̈u | Aa tɔ̈u |
| Ben | Bï yen |
| Bïn | Bï yïn |
| Ic | Yic |
| Cen | Cï yen |
| Kekäkë | Ke kä kë |
| Kunë | Ku në |

Kedhia    Ke dhie

Aŋicku    Aŋic ku

Këdu      Kë du

Wëtic     wët yic (miniŋ/meaning)

Ku jɔl ya wël juëc ba ke yök në buk yic ke ke wuɔ̈c ë të cïnnë ke gäär thïn ken në të thɛɛr ë ŋic. Ye athöör ë ayadëŋ, acï wël ke thok kɔ̈k ye Jiëëŋ ke gueel në nyindhie mat në gäär yic cïmɛn töu ë Dïŋïlic/yiŋïlic, Turuk/Tëkï, nuur, cäär, bap, makarawiil/bäkitwiil, ganuun, mathuura, kubur ku wël juëc kɔ̈k ba ke yök në buk yic. Ye kën në, yen në ka kɔɔr ba ŋic aŋot ke yïïn kën buk guɔ kueen.

## ii. Wëtmom

"Ye tak në thoŋ de Yiŋgïlic/Dïŋgïlith ka ye tak në thoŋ du?" Ye thïc ë, a ŋic kɔc juëc kɔc ciëŋ aγeer ku kɔc ye kuen në thok kɔ̈k thok cïï ye thok ken. Ba ye thïc kënnë bëër ë commom cïmɛn de kɔc juëc ye ke thïïc ya ya, ke yen ka nɔŋ ke wël diëëŋ ba ke gät piny në ye athöör ë yic ë. Ba root them mɛn ŋoot ë nyïn ka kuëër de täŋ de thoŋ dï ke γɔ̈ɔ̈r yic apieth ka cï yic ruɔɔc/rïk. Në yic, ke ka cïn kë yïn ë ya, na ye jam në thoŋ du ke yïn ye tak cimɛn de të ye yïn jiɛɛm thïn në yeen. Na cɔk thok kɔ̈k ka thok lei ŋic arët, ke thoŋ du ee dhiac ke ye thoŋ du, a loi thok, ee thok ŋon. Acïn kë lëu bï nyin de löök yic në ŋö yen në ke yï rek ku cɔk yï thiɔ̈k wennë cieŋ du ku kuɛɛr ke pïïr thëny röt yïïn. Ee yï cɔk piŋ root wennë kɔc mɛt we ke thok në tök ku cɔk rɔ̈m de ŋïc ku rëër duɔ̈n kɔ̈c yic.

Thoŋ du peei anɔŋ kä juëc ë ke cɔk ye gät. Kë tueeŋ, ee gäär bï luɔɔi ku wuɔ̈c de akeer ku aguiɛɛr de thuɔŋjäŋ nyuɔɔth nyin ë commom të nɔŋ raan kɔɔr bï thuɔŋjäŋ ŋic ka kɔɔr bï ŋïny de ŋuak yic. Kë de reu/rou, ee bï röl dë mat në athöör ke thuɔŋjäŋ yiic athöör cï ke göör wën thɛɛr ku bï wuɔ̈c de wël ku alooŋ ke jam töu në thuɔŋjäŋ yic nyuɔɔth nyin amääth. Thoŋ du peei, ee yï wɛɛi yïn ŋɛk ba root piɔ̈ɔ̈c në gäär ku kuën në thoŋ du ku ba thuɔŋjäŋ baŋ thëny root të ye yïn jiɛɛm thïn nhiaar ku guiir ku ba them ayadëŋ ba wël juëc kɔ̈k ye ke gueel në Jiëëŋ baŋ dër ë liu në thuɔŋjäŋ baŋ thëny root të ye yïn jiɛɛm thïn ŋic. Kë de diäk, thoŋ du peei, ee gäär bï nyuɔɔth mɛn na rëk ke akuut ke Jiëëŋ në tuŋ ke thook ke dhie, aa nɔŋ ë ŋɛk ke kë lëu në bïï në ageen de röm de thok mom. Kë lëu bï kë dak nyin ka wët liu në baŋ dër ë boot yic. Cïmɛn töu ë kadaŋ të nɔŋ Rek acï lööm në Jiëëŋ baŋ ë cïn rin ke kadaŋ ka awac. Ku yen ye cɔ̈ɔ̈k de kuduaal të nɔŋ Jiëëŋ baŋ ë ye root muɔ̈ɔ̈th në wël juëc kɔ̈k. Kë de ŋuan, thoŋ du peei acï gɔ̈ɔ̈r ayadëŋ, bï jam jɔɔk ku juak nyin në të lëu bïnnë thuɔŋjäŋ guiɛɛr thïn ku kuut ë yic. Ago thuɔŋjäŋ naŋ kueer töŋ lëu bïnnë ye gam thïn ku guiir ë ye thïn. Wuau de thuɔŋjäŋ bï kuany yic në gäär yic, a thiek yic ëŋoŋ, në ŋö alëu bï ɣän kën në ke jak nyïn ku ɣän cï ke jak nyïn në buɔ̈k diëëŋ cï ke gäär yiic ku kaa kënnë ke wuau arët cɔk lëu keek në cɔk piny ku gäär. Ku në gäär ku jam da yic ke thuɔŋjäŋ alëu bï cil, kuëët ku yïk root nhial ku juak nyin në gäär. Dhïïny den ku yen bï ɣɛn gëk thïn ku yen ye kë dïït de kek, thoŋ du peei ee piɔ̈ɔ̈c ë root ka piööc ku röt buk, alëu ba kueen yï tök ku det yic piŋ ku ka lëu bï ya athör de piööc ayadëŋ bï piɔ̈c kɔc kɔɔr bïk kë thuɔŋjäŋ ŋic në guël ku gäär.

# THOŊ DU PEEI
Luɔɔi, wuɔ̈c de akeer ku aguieer de thuɔŋjäŋ.

Thoŋ du peei ee nyooth de yic thieek de thoŋ de ŋek ka thoŋ de moor, muɔɔm de, cuai de, loi de thok de, dik de, dhuëëŋ kɩ amit yic de.

## iii. Alɛɛc

Ye athöör ë, acï jaam yic ku ka cï kueen në kɔc juëc, kɔc juëc ŋic thuɔŋjäŋ në kuën ku gäär ku kɔc ŋic wël juëc ke thuɔŋjäŋ baŋ thëny root wël juëc töu në ye athöör ë yic. Aŋic ku bï buŋ cït **thoŋ du peei** bï guiir ku kuut ë yic abï ya athör de kuën cï ye mɛn muk yïn yeen ë, akɔɔr mïm ku cin juëc ku kuɔɔny kuɔ̈t yic, në ŋö mïm juëc ku cin juëc aa ye luɔɔi cɔk köc yic ë ŋui. Në gäär de yic, ke ɣɛn cï kuɔɔny dïït kuɔ̈t yic yök të nɔŋ kɔc ke paan de Tuïc ku mëëth ken töu në Mɛlbon. Kɔc juëc ke kek cï ye piŋ, aa cï wël keen ke weei ku kë lëu kë në luɔɔi bï kek ye aguiɛɛr kën në kuɔny nhial looi ku cök kë köu.

Ɣen lec kɔc cï ɣa piɔ̈ɔ̈c në jam ku gäär de thuɔŋjäŋ, kɔc nɔŋ yiic kɔc ruääi në ɣɛɛn, wää ku maa, mïthakäckië, wääriëëc kië, mëëth kië ku dupiööc kiëën ke thuɔŋjäŋ. Në kɔc cï ɣa piɔ̈ɔ̈c yiic, ke ɣɛn lec Deŋ Adöör Akëcnhial (Deŋ-Laŋdar). Ke ye raan tueeŋ ë kɔn ɣa nyuɔ̈th **A** në cöt ku gäär wun de ɣɔ̈k. Makuac Piɔk Deŋ mɛn yen në piöc ɣa akeer ke thuɔŋjäŋ ku yen në cɔk ɣa ŋic gäär ku kuën de thuɔŋjäŋ. Dit Makök Madot Dut raan yen në piöc ɣa luɔɔi ku wuɔ̈c de akeer dheu ku akeer yäu në thuɔŋjäŋ yic. Ku yen në weei ɣɛɛn ku kɔc juëc ke akutnom de gäär në Jɔl Wɔ Lieec yic bukku akökööl tɔ̈u në "Lokku Tueŋ në Thuɔŋjäŋ" yic kuɔ̈ɔ̈t yiic, guiir ku ke ku gët ku ke piny. Ee wu bï athiɛɛi tɔ̈u ken në yeen në löŋ de yic ku täŋ ye wɔ ye tak në lon dïït thiek yic ë ŋoŋ cï looi në biäk de yïk nhial de thuɔŋjäŋ.

Ɣɛn lec akutnom de thuɔŋjäŋ tɔ̈u luaŋ de Puthkërai në Mɛlbon ku akut de thoŋ du peei në kuɔɔny ku weei cï kek ɣa wɛɛi në gäär ku kuut de yic de wël tɔ̈u në ye buŋ ë yic. Ɣɛn lec ke kɔc kë; Col Ajak Gäk në kä juëc cï ke looi në guïïr ku gäär de ye athöör ë yic. Kut Manyaŋ Kut në kë cï yen ɣa cɔk lääu ba ɣa gät në dukän de mom në thaa kaar ɣɛn të lääu ku lee duk. Kuɔl Arɔk Atëm në thɛɛ bär yiic yuku ke looi wɔnnë yeen ke wɔ wuau yic thieek de thoŋ de ŋɛk. Ayïïk Col Deŋ, Aluɔ̈u Kuir Mabiöör ku kɔc juëc kɔ̈k në thɛɛ keen cï kë ke gam bï kek ye athöör kën në kueen ku nyiɛɛi kë kä cïï lui ku juɛk kë kä kɔɔr bï ke juak në ye athöör ë yic. Deŋ wäl Deŋ, Duɔ̈t Deŋ de Yɔŋ, Makuëi Dääu Atëm, Deŋ Gërëŋ Rëëc, Atëm Mayen Biöör, Magäi Awan Akɔ̈idït, Biar Malek Biaar ku kɔc juëc kɔ̈k në thɛɛ keen cï kë ke gam ku wël keen ke weei. Lual de Rëëc Deŋ Lual kennë akutnom deen de gun de buɔ̈k në weei ku gun cï kek ye buŋ ë guɔ̈r bii. Akëër Col Deŋ mäth pieth diëën nhiaar, kön dië ku ye dupiöny pieth në pïïr yic në weei ku kuɔɔny cï yiën ɣɛɛn në gäär de ye athöör ë yic ëbën. Na cïï ye yeen, e kee të cïn wët töŋ cï root gät piny aka cïï ye buk. Nyandiëën Nyandeeŋ në nhiëër nhiɛɛr yen thuɔŋjäŋ. Nhiëër deen de thuɔŋjäŋ ee töŋ de kä ë ke cɔk ɣa gäär ye athöör kën në, ago Nyandeeŋ ku wääriɛɛ̈ɛ̈c ke naŋ kë ye kë kueen në thoŋ den, kë bï ke rek në cieŋ ku kuɛɛr ke pïïr ye kä ken.

Aŋot ke yï kën ye buŋ ë guɔ kueen, ke yïn than mom ba ŋic, na nɔŋ wët cï root kuɔ̈c gɔ̈ɔ̈r, wïn de jam kën në wël ke kɔ̈th mac thïn apieth ka dë cï root kuɔ̈c lueel ku kuc root göt ka wët cï tääu të cïï ye të de, ke awäc ee kë dië ɣa tök. Ku na nɔŋ kë cï root wuɔ̈ɔ̈c ca yök në buk yic ke gät ë piny ku them ba cɔk ŋiɛc në ŋö ke kä cï röt wuɔ̈ɔ̈c tɔu në ye gän tueeŋ ë yic, aa bï ke cɔ̈k piny ku dhiit ë keek në gäär de reu/rou de ye athöör ë yic të ber ë ye lɔ bɛɛrpiny në gäär në thɛɛ kɔ̈k rial. Në dhɔ̈l juëc ë ŋui, ke cil de thuɔŋjäŋ ku yïk nhial de, akɔɔr män de cin, weei de röt në piɔn ɣer ku kony de röt cïn yic kɔ̈ɔ̈ŋ.

We ca leec.

Arɔk Alëu Arɔk

## iv. Awër

Në cieŋ ku pïïr de baai yic, ke thok ee töŋ de kä dïc thiek yiic arët. Në kë ye yen ye kɔc cɔk piŋ röt ku lëu kë röt në kuëëk, bom kë röt ku loi kë kä juëc kɔk ye thok cɔk lëu kë keek në luɔɔi në tök. Thok yen në ke thiöl ye cieŋ, löŋ, aguiɛɛr de mɛcmɛc de röt ku kä juëc ye looi baai muk ku cɔk ke mac ke köth cï të köör ë keek. Bï yic ciëk, ke ye athöör ë anɔŋ biäk kee reu/rou, baŋ tueeŋ abï akeer ke thuɔŋjäŋ wuau amääth, luɔɔi den ku wuɔ̈c den në wël yiic.

Thuɔŋjäŋ anɔŋ akeer ke cïmɛn de thok kɔk yen në ke jam në piny mom. Në dït, cil ku yïk nhial de yic, ke akeer ke thuɔŋjäŋ aa cï ke bɛr guiir bïk kë të yen në kɔc nɔŋ thok wël caal thïn ku jiɛɛm kek thïn thööŋ köu ku bïk kë të dak nyin në thok yic them bïk kë thiöök yic në kë ler ë thuɔŋjäŋ ke kuät ku lööm në thok kɔk yiic. Akeer aa cï ke guiir ayadëŋ, ago kë wuɔ̈c de alooŋ në të yen në wël caal thïn në thuɔŋjäŋ yic tek thok cïmɛn töu ë ke wël kë; **keer - këër**. Na cïn kë ye wuɔ̈c de wël cït ke wël kë nyuɔɔth në gäär yic, ke ke dë ril yic ëtör bï wël juëc kɔk cït keek thöŋ ë akeer keek në gäär ku wuɔ̈c kë në cɔ̈t yen në ke cɔɔl dɔc poc thook ku ŋic ë ke wuɔ̈c de cɔ̈t den.

Në kueer dë, ke ka cïn akeer jöt ka akeer yam cï ke juak ka cï ke dhiɛɛt në akeer ke thuɔŋjäŋ yiic ke ke cïï tɔu wën thɛɛr. Kë cï looi, ee kë akeer ke dhetem/detem (**a e i o ɛ ɔ**) në akeer thɛɛr ke thiërrou ku dhorou yiic kek ka cï ke lööm ku yiën në ke mïm kït (**ä ë ï ö ɛ̈ ɔ̈**) bïk kë wël nɔŋ yiic alooŋ yäu tek thook ken në wël dheeu ë alooŋ ke keek. Në ŋö kë yen në nuën arët në thuɔŋjäŋ yic, ee ciën kë ë ye wuɔ̈c de alooŋ dɔc nyuɔɔth. Ku ye mɛn cï yen naŋ akeer yäu ë, ke ka cï ŋuëën amääth. Në ŋö ëmɛn thiɔ̈k kë, alëu ba dɔc ŋic ye kë nou yen ye kë nou.

Në ye athöör ë yic, ke ka ba them ba luɔɔi de akeer lɔɔc, akeer dheu ku akeer yäu nyuɔɔth nyin ë commom. Ku jɔl ya wuɔ̈c de yï akeer dheu ken në akeer yäu në wël yiic. Në ŋö kë ŋot ke yen nuën arët ka kë ŋot ke nuan kɔc juëc ayet cï ye mɛn në, ee ye wët nou kɔɔr akeer dheu ku ye wët yïn dï kɔɔr akeer yäu. Ku na tɔu akeer dheu wuɔ̈c ke rou/reu tɔu kë në wët tök yic, ke ye akeer nou yen lëu bï yiën mom kït të yen wët kɔɔr akeer yäu cïmɛn tɔu ë **wuiɛɛu** ku **wuïɛ̈ɛ̈u**. Në thuɔŋjäŋ yic, ke akeer lɔ në akeer ë cök cïmɛn de **uï, ië, ië, iä** --- yen në ka ye yiën mom kït. Acïï root ye looi bï akeer wuɔ̈c ke rou tɔu në wët tök yic yiën mïm kït ke dhie. Në thuɔŋjäŋ yic ayadëŋ, ke akeer ye bën tueeŋ në akeer ë mom ee tɔu ke niɔp arët. Në thɛɛ kɔ̈k në wël juëc yiic, ke ka lëu bï nyääŋ wei në wët yic ku ŋoot wët ke cɔl root apieth cïmɛn töu ë **buɔ̈ɔ̈r - bɔ̈ɔ̈r, wuiɛɛu - wiɛɛu, wuïɛ̈ɛ̈u - wïɛ̈ɛ̈u, cieŋ - ceŋ, jiëëm - jëëm, wuɔɔk - wɔɔk, muɔ̈ɔ̈ŋ - mɔ̈ɔ̈ŋ, muɔny - mɔny, muɔɔŋ - mɔɔŋ, muɔ̈ny - mɔ̈ny, wuïïk - wïïk** ku wël juëc kɔ̈k cït keek töu në thok yic.

Në biäk de rou de ye athöör ë, ke wɔ bï aguiɛɛr (Gëräma) de thuɔŋjäŋ tïŋ, të yen në ye guɛɛl thïn. Në thok yic ëbën, ee ke naŋ të yen në wël mai köth thïn ku të yen në ke guɛɛl thïn të jiɛɛm ë ka në gäär yic. Kä bukku ke tïŋ në ye biäk ë, ee wët tök ku wël nyooth kä juëc cïmɛn töu ë **but - buɔ̈r/buɔ̈t**; wël wuɔc cïmɛn töu ë **kuur - dït**; wël thɔ̈ŋ ë wët yic den ka wëër deen yen në ke waar yiic cïmɛn töu ë **tiɛɛt – tök ë rïr**; wël nyooth kä cï röt looi ka kä cï lɔ – **acï** lɔ, kä loi röt ë mɛn në – **a**lɔ, kä bï röt looi në thaa thiin bɔ̈ tueeŋ, nïn töu tueeŋ ku aköl kɔ̈k bɔ̈ ka wadë/wadëŋ – **abï** lɔ ku jɔl ya kä ye röt ŋuɔ̈ looi në aköl riëëc yic ëbën – **ee** lɔ ka **ye** lɔ. Ba kuɔ̈ɔ̈t yic, ke wɔ bï biäk juëc kɔ̈k ke aguiɛɛr de thok tïŋ në ye bäŋ ë yic.

Ke ya kën guɔ lɔ në wuau de kä bï ke wuau në ye athöör ë yic, ke ka kɔɔr ba ŋic apieth thoŋ de Jiëëŋ ka Thuɔŋjäŋ a dït ku ka wuɔc amääth në tuŋ ke Jiëëŋ thook ke dhie. Ɖɛk në akuut ke Jiëëŋ yiic ke dhie anɔŋ mom wël ku alooŋ ke jam ye kä ke. Wël ku alooŋ ke jam ye wuɔc de thoŋ de ku loi de thok de

cieŋ de ke wuör kɔ̈k ke Jiëëŋ baŋ dër ë nyuɔɔth cïmɛn töu ë
**AWALWALLA, MAWÄÄ, TEI, ËNƆƆNNË, ËƊOƊ,
ËƊUI, ANÏ, ATHËN, MAU-OOU (MAAR-ƔOOU)** ku
**AKƆLƆN** të nɔŋ Tuïc. **TOM, ƊËM, ƊADÏ** ku **ƔEDË** të nɔŋ
Boor ku **ADËË** ku **ƔANDÏ** të nɔŋ Nyarweŋ ku Ɣöl ka **WERE**
të nɔŋ Ɣöl, Nyarweŋ ku Tuïc. **DIƐN, DIËT, LAAƊ** ku
**KUƊU** të nɔŋ Agaar ku kɔc ke Yïrul. **ËNƆƆNNË, TƆ/TƆK**
ku **ANU** të nɔŋ Padaaŋ. **RIN, MËKËC, ALA, AYÏ/AYË** ku
**YËNNËKAAN** të nɔŋ Rek .ku yen ye cɔ̈ɔ̈k de në akuut juëc
ke Jiëëŋ yiic ŋek anɔŋ kä wuɔ̈c yen ke keek ke kɔc kɔ̈k kë. Kë
kaar ba lueel ye tën në, ee bï dukuën ŋic apieth mɛn na rëk ke
wël juëc töu në ye buŋ ë yic, aa bï ye wuɔ̈c de wël ku alooŋ ke
jam töu në thuɔŋjäŋ yic ë nyuɔɔth. Ana lɔ wël juëc thëny röt të
ye yïn jiɛɛm thïn cië yök ke yï cïï bï gäi ku ba ŋic ayadëŋ
thuɔŋjäŋ a dït ku ka nɔŋ yic wël juëc cï kutëkut wuɔ̈c ku alooŋ
ke jam wääc. Ku të ye akut ë jiɛɛm thïn ka të yen wël caal thïn
yen në ke të ye gät wël thëny röt alooŋ keen ke jam nyuɔɔth.
Cïmɛn de ke wël kë; **kɔc - kac, tïŋ - ŋëm, ŋïc - nyïc, aŋuï - aŋu, kuïn - cuïn, akiir - aciir, aguiɛɛr - ajuiɛɛr, kiir - ciir, weŋ - ɣoŋ, piɔ̈u - puɔ̈u, kiu - ciu, kït - cït, mïth - miäth, akököl - anyïköl** ku jɔl ya wël juëc kɔ̈k töu në thuɔŋjäŋ yic.
Wël ye wuɔ̈c de akuut ke Jiëëŋ nyuɔɔth, akuut nɔŋ yiic akut ye

## THOŊ DU PEEI
Luɔɔi, wuɔ̈c de akeer ku aguieer de thuɔŋjäŋ.

wël gɔl në C cïman tɔ̈u ë cuïn, ciir, Cuir --- ku akut ye wël gɔl në K cïman tɔ̈u ë kuïn, kiir, Kuir ---. Akut ye gɔl në **C** ka (C group) yennëka nɔŋ yic Agaar, Aliau, Atuɔ̈r, Boor, Ciëc/Kiëc ku Gɔ̈k-Arɔ̈ɔ̈l. Akut de **K** ka (K group) yennëka nɔŋ yic Padaaŋ kennë akuut tɔ̈u thïn ke dhie, Tuïc, Nyarweŋ, Ɣɔ̈l, Rek kennë akuut ke ke dhie, Luäc ku Tuïc Mayäärdït.

Ye athöörë acï gɔ̈ɔ̈r ke ye kë de raan ëbën. Ee kë de raan gɔl thuɔŋjäŋ në gät ku kuën, raan ŋic thok wën thɛɛr ku kɔɔr bï ŋic ye akeer dheu ku akeer yäu luui ye dë ka raan kɔɔr bï thuɔŋjäŋ kueen në nhiëër nhiɛɛr yen yeen. Acï gɔ̈ɔ̈r ayadëŋ, ke ye kueer kɔɔr bïnnë thok jɔt kɔ̈u ku tɔ̈u nyin, a wël juëc tɔ̈u në buk yic aa ye wël thëny röt kä juëc ë ke ye ke looi wën thɛɛr ku kä ŋot e ke loi keek në ye mɛɛn paan de Jiëëŋ. Ku na cɔk yiën ya, ke wël juëc ke kek cïmɛn de wël juëc tɔ̈u në biäk tueeŋ de athöör aa cï ke tääu në wïïn ke jam yiic ago yic kɔ̈c të nɔŋ dukuëën. Në thök de cök (cäpta) ke dhie ke ka nɔŋ luɔɔi du bï yïn ŋïny duɔ̈ɔ̈n de thuɔŋjäŋ them ku kä juëc kɔ̈k ke cieŋ ku kuɛɛr ke pïïr ke baai. Ku na kën në kë cï thïïc ŋic ke yïn lëu ba adhukmom ka dhukdhuk de tïŋ në athöör kɔ̈u ciëën në thök de. Anɔŋ buɔ̈k diëëŋ cï ke gät piny në thök de athöör. Aa lëu ba ke kueen ayadëŋ.

Thoŋ du peei ee nyooth de ril de yic ka yic thieek de thoŋ de raan. Akɔɔr ba ŋic acïï ye na ye gär ku jaam ë në thok lei ke ye yen ye piöc. Ee na ŋic thoŋ du ku kuɛɛr thiek yiic ke pïïr yee cieŋ du ke yaath, roŋ keek, gël keek, muk keek ku kuɛny ke cök. Ke yïn cï piöc ku ŋic käŋ cï të ye jur duɔ̈n ŋïc wuau thïn, gɛm ku kïït ye ŋö yen ye ŋïc. Kuny de gäär ba gäär kuc në thoŋ du ku në thoŋ lei acïï yïn ye looi ba ya raan kën piöc. Piöc ku kuny de gäär aa ye wël wuɔ̈c arët në thuɔŋjäŋ yic në wët yic den. Ba kuɔ̈ɔ̈t yic, ke wɔ bï lɔ në wuau de akeer ke thuɔŋjäŋ yiic, wɔ bï luɔɔi den ku wuɔ̈c den në wël ku rin yiic tïŋ ë commom në biäk tueeŋ de buɔ̈k.

**THOŊ DU PEEI**

Luɔɔi, wuɔ̈c de akeer ku aguieer de thuɔŋjäŋ.

# Biäk Tueeŋ

# Akeer ke thuɔŋjäŋ; luɔɔi den ku wuɔ̈c den.

## 1. AKEERDÏT KU KÄTHII

Cïmɛn cï yen root lueel nhial ë, thuɔŋjäŋ anɔŋ akeer ke. Ke kä tɔ̈u piiny kë, ke ka ye akeer ke thuɔŋjäŋ kä dït ku kä thii. Aa cï ke gät piny ke dhie ë ruŋruŋ, aa kën në ke poc thook. Bï nyuɔɔth ye kä kou ye kek ye akeer lɔɔc, akeer dheu ku akeer yäu. Ku në ke cök, ke ka bï ke wuɔ̈i, tëëk kë ke yiic në diäk; Akeer lɔɔc ku luɔɔi den, akeer dheu ken në luɔɔi den ku jɔl ya akeer yäu ken në luɔɔi den ëya. Ca bï tiac, ke wɔ bï akeer dït ku akeer thii tïŋ.

| A a | E e | I i | O o | U u |
| W w | Y y | B b | P p | M m |
| N n | NH nh | Ŋ ŋ | NY ny | R r |
| D d | DH dh | T t | TH th | L l |
| K k | G g | Ɣ ɣ | C c | J j |
| Ɛ ɛ | Ɔ ɔ | | | |

## 'A' KU AKEER LƆƆC:

Në thuɔŋjäŋ yic, ke **'A'** ku akeer lɔɔc aa thiek yiic arët. Në ŋö aa yen në ke rin ke kɔc, läi, bëi, piny ku kɔ̈k juëc kɔ̈k gɔl në keek. Akeer lɔɔc aa cïï ye lɔ në kɛm ke akeer kɔ̈k bïk kë wët bëi. Ke kä tɔ̈u piiny kë, kek ka ye akeer lɔɔc ku luɔi den;

| W w | Y y | B b | P p | M m |
|---|---|---|---|---|
| N n | NH nh | Ŋ ŋ | NY ny | R r |
| D d | DH dh | T t | TH th | L l |
| K k | G g | Ɣ ɣ | C c | J j |

### Luɔɔi de 'A' ku akeer lɔɔc:

**A.** abiɛi, akör/aköt, abeu, agɔ̈ɔ̈k, akɔ̈ɔ̈n, anyɔ̈r, agɔɔk, akɔ̈l, anyaar, ajïth, ajɔ̈ŋköör, aŋui, abiŋic, adöl-kërik, arialbeek ayɔɔk, agumut, awan, ariɛŋköör, abiɔɔk, acɔ̈ɔ̈m, aguek, akut, acuuk, amuuk, awai, aweec, aŋiic, arörö, arumjök, agaal, awet, aciɛɛr, aɣollooc, alïïk, apat, akɔ̈i, akuɛm, awuwith, agurbiöök, acïmiöör, abëëkthiɔ̈ɔ̈ŋ, Aŋakuëi, Apadhääny,

# THOŊ DU PEEI

Luɔɔi, wuɔ̈e de akeer ku aguieer de thuɔŋjäŋ.

Athɔ̈kpeer, Adubäär, Anäkjɔ̈k, Athɔ̈kmajöŋlɔwuic, Ajakabeergem, Atuɔŋ

**W.** weŋ, wel, wur(t), wadɔrɔt/madɔrɔt, wuɔɔr, waai, wëc, waak, waat, waar, with, wuiën, wëër, Waŋkulei, Wërnyɔ̈l, Waŋga, Wurlir, Waŋkaar, Wërlɛŋ, Wucuŋ, Wërawaak, Wutkora, Wërajɛɛk, Wërkaak, Wërawiër, Wërjöök, Wërëkök, Wunayen

**Y.** yen, yith, yïk, yëp, yäär, yuek, yäärewuɔ̈ɔ̈ŋ/yërëwuɔ̈ɔ̈ŋ, yom, Yɔmëkiir/Yɔmëciir

**B.** burɔ, buɔ̈ɔ̈r, but, burɔth, buliak, bok, bath, boŋbaar, boyol, biɛrbiɛɛr, baar, beu, bith, bi, bärät, biöök, buk, buc, Bërë, Biɔ̈ŋ, Boor, Bëër, Bäpiŋ, Buweeŋ, Buracut, Barabɔ, Buny, Buma

**P.** piɔk, pärpär, pɛɛi, piöm, Paliau, Pawël, Pawel, Pänyagoor, Pakëny, Pakɔu, Panyaŋ, Palooi, Pabiɛɛc, Pawuɔi, Pakëërdït, Paguëëk, Pator, Pagöth, Patunduur, Paduur, Paleeu, Paborkoi, Poktap, Padiëët, Payuëël, Piööl, Palek, Pathuyïth, Panyɛrɛɛŋ, Payɔɔm, Payɔmbɛk, Paguuc, Pɔŋbɔrɔŋ, Pajomba, Padimaduëët, Pamiaayɔɔm, Pathiɔ̈ŋ, Pap, Panomthöny, Pacawɛi, Pacuɛɛi, Pacuïl, Pakuɔ̈ɔ̈r, Pakuëi, Paguiith, Pajëth, Pawaai, Piompur, Piomëkɔcrac, Piomayɔ̈l, Pënycuëër

**M.** miir, maguar, määrëdeŋ, mɔrmɔɔr, mɛɛnkɔriɔm, mïthmïth, manacol/kiɛɛth, Makarawiil (Bäkitwiil), Maar, Makir, Makuac, Malei, Mapuöördït, Mankuduŋ, Malualëgiɛrnyaŋ, Malɛŋagɔɔk, Mabiööranyɔɔp, Mayenabun, Mätjak, Mitgöör, Mayoŋ, Madiŋ-Ɖenh Aŋök, Madiŋadiaŋ, Mirakɔrɔn (miir akɔlɔn), Marɛɛŋ, Manyëdeŋ, Mɛlbon, Mameer, Mabiöör - Adhiɔɔk

**N.** nɔk, noon, nom, nuur, Nöök, Nöwa, Nuba, Namïbiɛ

**NH.** nhiaal, nhial, nhialic

**Ɖ.** ŋɛɛr, ŋaap, ŋɔɔk, ŋaŋadugɔt, ŋoiŋoi, Ɖawai, Ɖalapic

**NY.** Nyaŋ, nyaŋëdiöör, nyuöm, nyiim, nyiëël, nyancïnbiɔl, nyanmutnom, nyanabal, nyieer, nyäär, nyoŋŋa, Nyaken, Nyarweŋ, Nyɔpiny

**R.** ruði, rɔu, rëc, riäi, ruŋ, rup, raan, rak, rät, riɛr/riɛt/rit, rëët, ruöön, ruur, ruɔɔny, Rialbek, Ruweeŋ, Rumbeek, Räca

**D.** dak, dääuaduŋuëëk, deŋdeluilui, diŋ, dokka, dukän, doŋ, dup, Döŋ, Dacueek, Duk, Duŋëcut, Duarbɛk, Dëŋëyak, Dëër, Deŋköracuɔl

# THOŊ DU PEEI

Luɔɔi, wuɖe de akeer ku aguieer de thuɔŋjäŋ.

**DH**. Dhëël, dhaŋ, dhaŋga, dhiëi, dhiëër, dhiɔ̈t, dhuɔr, dhoor, dhö, dhɔ̈ɔ̈k, Dhiaukuëi, Dhiaudɔɔc, Dhiamdhiam, Dhämbiɛ, Dhïmbawe, Dhande

**T**. tim, tɔŋ, töny, tuɔ̈t, tɔŋpiiny, tiäm, tiäär, tap, tïk, tondor, tuŋ, tuɔɔr, tuɔɔp, tuɔŋ, tuëŋ, tuaal, tökkurou, taar, Tip

**TH**. thök, thoor, thuaar, thääu, thɔ̈rɔ̈t, thiäŋ, thunakɔ̈l, thin, thon, thɔɔranyiëi, thonduɔ̈ɔ̈l, thuŋ, thïïk, Thɔny, Thiäŋtuet, Thɔ̈ɔ̈th Thudän, Thöŋpiny, Thänatim, Thänëthiëël

**L**. lɔu, luɔu, luɔ̈u, luaŋ, lathŋany, luak, luth, luuŋ, lëth/atäny, laŋ, liɔ̈kliɔ̈ɔ̈k, lony, liɛɛt, liɛny, liny, lönynhial, lölöör, looŋkuac, lääth, Löŋkuëi, Lualajökbil, Laŋakuat/Laŋëkuat

**K**. kabok, köör, këroor, kuur, kɛɛu, kiëc/kïï, kil, kuac, kuel, kuël, kɔɔr, kamëra, kou kuɛthkuɛth, kɔriɔm, Kɔŋɔ̈ɔ̈r, kɛŋguruu, kuɔwala, Kualthiäŋ, Kawak, Kɔp, Kumɛɛr, Kadiaŋ/Gadiaŋ, Kotnyaŋ, Kotnyiɛɛŋ

**G**. gak, gɛɛu, goŋ, guil, gaak/dhöɣöör, guuk, gɔt, gɔɔr, gɔ̈ɔ̈r, gaac, gaar, gɔk, gëgiiŋ, giir, gëër, gɔɔp, guk, gökakɔ̈ɔ̈n, Gökabaardhëël, Göŋarɔ̈ɔ̈l, Göŋëmacäär, Gutmakuur, Gumuruɔ̈, Gualla, Gakyuɔɔm

**Ɣ**. ɣaat, ɣöt, ɣɔ̈k, Ɣɔ̈l, ɣaar, ɣɔɔr, Ɣääiyoou, Ɣöŋkɔŋ, Ɣöllëën

**C.** cuɔɔr, cot, cuur, col, colwuïc, cum, cuk, cuet, cuit, cäär, ciëër, cïk, circïbat, cercer, Cir-Amöu, Cukudum, Cat

**J.** jö, jak, jek, jɔk, jöör, Jueet-Mathondït, Juac-Boŋbeek, Jölöŋ, Jɔŋkulei, Jöwa/Jöwak, Jö-Abek, Jörëwac, Japɛɛn –

## AKEER DHEU

Akeer dheu aa ye lɔ në kɛm ke akeer lɔɔc bïk kë wët bëi. Aa cïnnë ke rin ke kɔc, läi bëi ku piny ye gɔl në keek, ake '**A**' ye tök, yen në ka yen në rin juëc ke kɔc, läi, bëi, piny ku kä juëc kɔ̈k gɔl në yeen cïmɛn wën cï wɔ ye tïŋ nhial ë. Ke kä kë, kek ka ye akeer dheu;

A a    E e    I i    O o    Ɛ ɛ    Ɔ ɔ

Täu den në wël yiic akï; akaai, Deŋ, Diiŋ, doŋ, kɛɛc, kɔɔr -----

## AKEER YÄU

Ä ä    Ë ë    Ï ï    Ö ö    Ɛ̈ ɛ̈    Ɔ̈ ɔ̈

## THOŊ DU PEEI

Luɔɔi, wuɔ̈c de akeer ku aguieer de thuɔŋjäŋ.

Ke akeer tɔ̈u nhial kui, kek ka ye akeer cï ke yiën mïm **kït** ago kë wuɔ̈c ken në akeer dheu. Na yök wët nɔŋ yic akeer yäu ke reu ka akeer tök, ke ka jɔl guɔ ŋic mɛn wuɔ̈c alooŋ ke cɔ̈t de ke wët dë cït yeen nɔŋ yic akeer dheu. Akeer yäu cïmɛn de akeer dheu, aa ye lɔ në kɛm ke akeer lɔɔc bïk kë wët bëi. Në thuɔŋjäŋ yic, ke ka ril yic bï rin ke kɔc, läi, bëi ku piny gɔl në akeer yäu. Lon dïït den në kuɛɛr juëc, ee bïk kë wël thöŋ akeer keek në gäär ku wuɔ̈c alooŋ ken në cɔ̈t tek thook cïmɛn tɔ̈u ë **roor** ku **röör, took** ku **töök.** Wël nyooth luɔɔi de akeer yäu akï; **määr, këër, Kïïr, köör, këëc, kɔ̈ɔ̈r, juɔ̈ɔ̈r---**


## Luɔɔi du 1.

1. Gät ë wël ke thiëër piny wël nyooth luɔɔi de akeer lɔɔc
2. Gät wël ke dhïc wël nɔŋ yiic akeer dheu.
3. Gät wël ke dhïc wël nɔŋ yiic akeer yäu.
4. Gät rin ke bëi, läi, piny ku kɔc lëu keek në täk gät ë ke piny.
5. Tääu ë akeer liu në ke wël kë yiic;

P-om-biɔɔr, Laar-ke-, Laŋ-c-k, Ab-r-m, L--k, -gu-l, m-m, B--a-, j-ër, ɣ-u, -ɣom-o-, -ku-n-m, ëɣ-m, -ɣ-k, -ɣo-, ɣɔ-, Ny-ny, W-c-ŋ, P-tu-r, La-d-it, -agö-, Mu--jä-, kï-c, diö-r, ɣe--y--u, Pak--r, --ŋu--t, bu--r, y-mt-o-, any-ɛ-ny—u

6. Kɔp ee wun yaath de (a) Abiɔɔŋ (e) Adhiɔɔk (i) Akonycɔk (o) Bërë
7. Wun yaath de Jueet ee (a) Patuöllöi (e) Riän (i) Ɖawai (o) Lïllïïr
8. Amiathnoon ku thɔɔranyiëi aa ye rin ke (a) yom (e) dëŋ (i) pëi (o) diɛt
9. Ye rin kou në kee rin kë yiic cïï röt thëny köör (a) ajuɔɔŋ (e) madiëëŋ (i) yöör (o) cuër
10. Rin kök ke aŋuï a ye cɔɔl (a) kërkekuöu (e) bolacue (i) kuir (o) bul
11. Ajuöŋ ee (a) wun töŋ de wuöt ke Tuïc (e) akut töŋ de akuut ke Tuïc (i) panom de lööŋ (o) wun yaath
12. Ye wët nou në ke wël kë yiic yen thëny root diŋ (a) aduiɛny (e) aliäny (i) wayat (o) biɛɛrbiɛɛr
13. Ye wët nou cïï thiääk ke thääu në ke wël kë yiic (a) ɣɛɛr (e) akaai (i) tiär (o) tuur

# THOŊ DU PEEI
Luɔɔi, wuɔ̈c de akeer ku aguieer de thuɔŋjäŋ.

14. Ye wun nou në ke wuɔ̈t kë yiic cïï ye wun yaath (a) Waŋkaar (e) Paŋueet (i) Malei (o) e ku i

15. Ye wët nou në ke wël kë yiic yen thëny root aguek (a) tondor (e) ajiël (i) aluɔ̈m (o) gueth

16. Bëër amat akeu ke Tuïc në baŋ (a) ciɛɛm (e) cuëëc (i) tueeŋ (o) ciëën

17. Ye paan nou në ke bëi kë yiic cïï akeu mat ke Duk (a) Nuëër (e) Boor (i) Bëër (o) Tuïc

18. Tuïc në Jɔŋkulei anɔŋ yic wuɔ̈r ke thiëër ku (a) bët (e) diäk (i) dhetem (o) dhïc

19. Ye kä kou kek ye rin ke pëi në ke wël kë yiic (a) aduɔ̈ŋ ku bildït (e) koth ku akuɛkuɛk (i) anyuëëth ku anyuɛɛr (o) cuur ku nyïluɛɛl

20. Ye paan nou në ke bëi kë yiic cïï ye paan de Agaar (a) Rumbeek (e) Aköt (i) Mapuɔ̈ɔ̈rdït (o) keek ke dhie

21. Ye paan nou në ke bëi kë yiic yen cïï tɔ̈u Apirïka (a) Kenya (e) Tunithia (i) Mɛkthïko (o) Dhämbiɛ

22. Ruɔ̈ɔ̈n de näŋ de bäny ee (a) 1966 (e) 1968 (i) 1967 (o) 1970

23. Ye ŋa ë luel ke wël kë "maa a cï lɔ kööc në ɣɔr ka ɣɛn ë cï piu lɔ poc thook pïu mäi ku pïu ruël" ee (a) meth (e)

Piaŋ-Aguek (i) Atëm Kɔt de Deer (o) A kuc ë ke raan ë luel keek

24. "Cuëër adhuëŋ" ee wët de (a) Ajak-Aŋuumcäär (e) Lual-Bok (i) Apul-Mageŋdït (o) Raan dë

25. "Yee ŋö yen nyin ciët dan de rɔn de Konkääi" ee lueel muɔny (a) Ajuɔ̈ŋ (e) Nyarweŋ (i) Abek (o) Ayuääl

26. "Thudän ee paan cïï määr bï nyɔk, tiɔp cï athielleei (SPLA) jieny de Jɔɔn Gërëŋ mëël në rim ke. Nhialic abï yic tuɔ̈ɔ̈c. Tiɔp awär määth, awär kë ca dhiëëth, awär määl cïn yic piny. Tiɔp aye dhiëth yic raan bï mïth cil ë ke lääu ku liep kë ke nyïn bïk kë cuai de piny ŋic ye luɔk në ŋö?" Ke wël kë, aa ye wël ke (a) Ayen Duɔ̈ɔ̈t Dëu (e) Akuek Makuac (i) Yäär ë Gërëŋ Awëër (o) Aluɛɛl-Nɔŋdit De Gërëŋ Anyuɔɔn.

27. Yee ŋa në ke kɔc kë yiic yen cïï ye raan de Anya nya tueeŋ (a) Abuur Matoŋ (e) Akuɔɔt Atëm de Mayen (i) Abel Aliɛɛr Kuaai (o) Deŋ de Nhiaal

28. Yee ŋa në ke kɔc kë yiic yennë ye kɔc wëŋ në rädiɛɛu/mathijin ku mandar ke ke ye jɔk (a) Ayïïk dït (e) Giɛɛt (i) Deŋ-Köracuɔl (o) Mamer-Ëwaaidït

29. Lɔ̈ɔ̈r yaath de wut Ayuääl aye cɔl (a) Mapiɔ̈ɔ̈r (e) Malith (i) Mabiɔ̈ɔ̈r (o) Malual

# THOŊ DU PEEI
Luɔɔi, wuɔ̈c de akeer ku aguieer de thuɔŋjäŋ.

30. Yee paan nou në kee bëi kë yiic cïï ye paan de bëi Boor (a) Mathiäŋ (e) Makuac (i) Poktap (o) Jalle

31. Ye wëël nou në ke wɛl kë yiic yen cïï ye wëël tooc (a) apäth (e) noon (i) akämrɔ̈l (o) gau

32. Ye rin kou cïï ye rin ke rap (a) akuɔracɔ̈ɔ̈t (e) athil (i) raaudiit (o) dëraŋuem

33. Raan ye wël dhuɔ̈k yiic ka lueel ke bii në thiëëk yic aye cɔɔl (a) abiök (e) ayiëëŋ (i) agamlöŋ (o) gëm

34. Pïu ke deŋ ë piac tuɛny aa ye ke cɔɔl (a) athiöör (e) dɔ̈k (i) aduer (o) aputh

35. Ye lën ŋö cïï ye tɔu baai në ke läi kë yiic (a) weŋ (e) thɔ̈k (i) kɛɛu (o) jö

36. Weŋ ye lɔ dhuɔ̈k nom pathu ku ka cïï ye alok thok aye cɔl (a) aruëëth (e) kïïc (i) puɔɔt (o) adhuk wuïïn

37. Weŋ ye nɔ̈k të cïnnë thiëëk piath aye cɔl (a) riɔ̈ŋ (e) biɔl (i) atëmtëm (o) acïn rin.

38. Gät wël ke ŋuan nɔŋ yiic akeer dheu ku na yiën në ke nïïm kït ke ka bïï wël nɔŋ yiic akeer yäu.

39. Yee kë nou në ke kä kë yiic cïnnë ye luui dom yic (a) puur (e) kacɔk (i) piɔ̈ɔ̈t (o) amumut

40. Yee ŋa në ye kɔc kë yiic yen në cï kɛɛc mɛɛc në kë de baai (a) Ajääŋ Duɔ̈ɔ̈t (e) Bul-Magaany (i) Maciëk Deŋ (o) Jökgaak Deŋ

41. Yee ŋa në ke kɔc kë yiic cïï ye raan ye ket (a) Ajak-Awëërcöu (e) Amoth Ajak Gërëŋ (i) Pancol Deŋ Ajääŋ (o) Gërëŋ-Majumuɔ̈ɔ̈r

42. "Na päl wïr ke ye ŋa dië bï ŋueet. Aŋum de raan ɣɔn wiɛr akënnë lɛɛr luaŋ da ---." Ke wël kë, kaa ye wël ke (a) Ajääŋ-Abukgak (e) Lual Deŋ Thon (i) Marɔ̈ldït (o) Kuir-Atiëëk.

43. Tuïc në Jɔŋkulei ee nom diäk. Ye yic ka ye lueth.

44. "Raan cï cït jö" yee ŋö ye luɛɛl de ye kënnë? Wuau ëmääth.

45. "Bal köör wun cɔk" Wuau ye kääŋ ë në wël diääk abac.

46. "Bil ɣa ku bil Ajäŋ" yee ŋö ye luɛɛl de.

47. Yee ŋö ye luɛɛl de aɣämkär ku gɔt.

48. "Na cɔk bɛr rac ku ye man de ŋɛk tei, man ë ŋɛk ee alor du tɔ̈k thok." Ke wël kë aa ye wël ke muɔny (a) Nyɔpiny (e) Ɣɔ̈l (i) Kɔŋɔ̈ɔ̈r (o) Abek

49. Ye telleŋ yee ŋö?

50. Yee ŋö ye luɛɛl de tiɛɛt ke mar/mat?

**THOŊ DU PEEI**
Luɔɔi, wuɔ̈c de akeer ku aguiɛɛr de thuɔŋjäŋ.

## 2. WUƆC DE AKEER DHEU KU AKEER YÄU

Cïmɛn cï wɔ ye tïŋ në ke wël dïëëŋ tɔ̈u nhial kë yiic, akeer dheu ku akeer yäu aa wuɔ̈c arët në gäär ku cöt. Ba wuɔ̈c den ŋic në gäär, kuën ku në jam yic, ee thok cɔk köc yic ku cɔk pieth ëŋoŋ të nɔŋ yïïn yïn ŋɛk. Wuɔ̈c den abukku tïŋ në ke wël lik kë yiic;

**Akeer dheu**      **Akeer yäu**

**Aa**              **Ää**

bak                 bäk
yar                 yär
wak                 wäk
mat                 mät
jak                 jäk

| | |
|---|---|
| kac | käc |
| maŋ | mäŋ |
| kak | käk |
| pal | päl |
| nyar | nyär |
| ŋaŋ | ŋäŋ |
| thar | thär |
| gak | gäk |
| gam | gäm |
| ŋany | ŋäny |
| cak | cäk |
| kar | kär |
| dak | däk |
| bar | bär |
| cam | cäm |
| thau | thäu |
| paar | päär |

# THOŊ DU PEEI
Luɔɔi, wuɔ̈c de akeer ku aguiɛɛr de thuɔŋjäŋ.

ŋaar          ŋäär

gaar          gäär

nyaap         nyääp

nyaar         nyäär

taar          tään

laak          lääk

## **Ee**          **Ëë**

deŋ          dëŋ

dek          dëk

tek          tëk

ber          bër

wek          wëk

yer          yër

wer          wër

wet          wët

| | |
|---|---|
| wel | wël |
| ket | kët |
| jek | jëk |
| beŋ | bëŋ |
| jec | jëc |
| ŋeŋ | ŋëŋ |
| der | dër |
| rek | rëk |
| keth | këth |
| thec | thëc |
| yeth | yëth |
| ther | thër |
| tem | tëm |
| lek | lëk |
| them | thëm |
| keer | këër |
| geer | gëër |

# THOŊ DU PEEI
Luɔɔi, wuɔ̈c de akeer ku aguieer de thuɔŋjäŋ.

leer            lëër

peer            pëër

deer            dëër

keep            keep


## **I i**              **Ï ï**


ŋic            ŋïc

dit            dït

tit            tït

diŋ            dïŋ

git            gït

yith           yïth

yic            yïc

ric            rïc

kit            kït

cik            cïk

| | |
|---|---|
| tiŋ/tik | tïŋ |
| mim | mïm |
| wir | wïr/wït |
| thic | thïc |
| riu | rïu |
| thith | thïth |
| miith | mïïth |
| miit | mïït |
| kiir | kïïr |
| tiit | tïït |
| tiim | tïïm |
| guiir | guïïr |
| piir | pïïr |
| ŋiiny/ŋiny | ŋïïny |
| liir | lïïr |
| yik | yïk |

## THOŊ DU PEEI

Luɔɔi, wuɛ̈c de akeer ku aguiɛɛr de thuɔŋjäŋ.

**O o**  **Ö ö**

| | |
|---|---|
| tok | tök |
| doŋ | döŋ |
| gom | göm |
| dot | döt |
| kok | kök |
| yok | yök |
| nyok | nyök |
| kot | köt |
| koot | kööt |
| thok | thök |
| ŋot | ŋöt |
| ŋok | ŋök |
| toŋ | töŋ |
| tot | töt |
| rok | rök |

| | |
|---|---|
| lok | lök |
| lom | löm/lööm |
| got | göt |
| dom | döm |
| loor | löör |
| gook | göök |
| joot | jööt |
| toor | töör |
| yoor | yöör |
| roor | röör |
| koor | köör |
| goor | göör |
| door | döör |
| boor | böör |
| thook | thöök |
| kook | köök |
| ɣooc | ɣööc |

## THOŊ DU PEEI
Luɔɔi, wuɔ̈c de akeer ku aguieer de thuɔŋjäŋ.

jooc           jööc


**Ɛ ɛ**         **Ë ë**


gɛm            gëm

rɛc            rëc

lɛth           lëth

bɛɛr           bëër

rɛɛr           rëër

kɛɛr           këër

rɛɛc           rëëc

kɛɛk           këëk

wɛɛr           wëër

ŋɛɛr           ŋëër

gɛɛr           gëër

tɛi            tëi/tëc

ɣɛɛc           ɣëëc

kɛɛth   këëth

## Ɔ ɔ   Ö ö

tɔŋ   töŋ

ɣɔt   ɣöt

yɔt   yöt

gɔk   gök

gɔt   göt

cɔk   cök

rɔu   röu

rɔth   röth

jɔk   jök

tɔt   töt

kɔth   köth

thɔɔr   thöör

dɔɔr   döör

# THOŊ DU PEEI
Luɔɔi, wuɔ̈e de akeer ku aguieer de thuɔŋjäŋ.

tɔɔr — tö̈r

gɔɔr — gö̈r

ŋɔɔr — ŋö̈r

ɣɔɔr — ɣö̈r

lɔɔr — lö̈r

bɔɔt — bö̈t

tɔɔk — tö̈k

rɔɔr — rö̈r

dhɔɔt — dhö̈t

yɔɔr — yö̈r

wuɔɔr — wuö̈r

piɔɔr — piö̈r

Cïmɛn cï wɔ ye tïŋ në kë wël dïëëŋ tɔu nhial kë yiic, akeer yäu aa lui arët në thuɔŋjäŋ yic. Na ke kën në ke cak, guiir keek ku gam keek, e ke dë ril yic amääth bï wël thöŋ akeer keek në gäär ku wuɔ̈c kë në cɔ̈t dɔc tek thook. Në ye mɛɛn, ke kë bukku tïŋ, ee të ye ye wël tɔu nhial kui luui thïn të cïnnë ke täau në wïïn ke jam yiic. Në ŋö, wël kɔ̈k ke ke wël kë, aa nɔŋ wët yic (meaning) kuɔ̈t yic. Cïmɛn de **bak** - alëu bï gueel ke ye baŋ de kë dë (Bol ee cï täu baŋ de kuïn), ka tëëk bï naŋ kë tëk (thiäŋ acï bak) ka run de piny. Ku yen ye cɔ̈ɔ̈k de **bäk** aya, aye gueel ke ye muɔ̈th; cï yï bäk ka cï we bäk. Ku ka alëu bï gueel ayadëŋ ke ye rin ke bëc ka tuaany ye cɔl bäk ku jɔl ya wëër kɔ̈k kuɔ̈t yiic yen në ke ye waar yic thïn në thuɔŋjäŋ yic. Bï yic ciëk, ke wël juëc ke ye wël wën cukku ke tïŋ nhial kui, aa cï ke täau në jam yic, ku ka cïï ye keek ke dhie ke cïnnë ke të yen në ke gueel thïn në thok yic nyuɔɔth në ŋö aa lëu bïk kë të dïït lɔwai jɔt të tëëu ë keek në wïïn ke jam yiic kedhie. Ba rɔŋ yic, ke täu den në jam yic, a bukku tïŋ piiny ye tënnë, ye ke gueel ya dï në thuɔŋjäŋ yic.

**THOŊ DU PEEI**
Luɔɔi, wuɔ̈ɛ de akeer ku aguieer de thuɔŋjäŋ.

# Aa – Ää

1. Ajak acï **bak** de athöör kueen ku jɔl guɔ jäl në ŋö alɔ mïth ke Mac köör wëël de **bäk** në kë cï bäk ke dom ku wun den aliu.
2. **Bar** Ajääŋ ɣɔ̈n de gäär ku **bär** ba mïth bën lɛɛr të de pol/thuëëc/riäŋ.
3. Maa a **wak** aduuk ku ke lɔ ke lɔ **wäk** anyol ɣöt köu.
4. Ajök ee wëtmäth ke ŋuɔ̈ yöök bïk kë ke cin **mat** në kë ye **mät** tiëm bëi.
5. Wɔ ë ke cï yök wuɔnnë wänmuuth wään aköl në amat yic, go root looi ke cï ɣa/ɣa baai ye ɣa **paar** rin. Ku na ye kɔɔr ku bukku röt ŋic go raan dë guɔ bën ku gëny köu ku lueel ye tïŋ diɛt pieth **päär** kui!
6. Bol ee cï mïth ke **jak** duɔ̈r käc yiic, go lɔ **jäk** në kë cï yen ye moth ke ke kɔɔr bï ke käc yiic.
7. Kɛɛu acï **kac/kar** në awuur arët bï jö löny në kë ŋic yen yeen mɛn na rëk ke kaam den ke jö cïn **käc** de piɔ̈u
8. Raan ye kɔc dɔc **maŋ** mïm aye jööny bï **mäŋ** de kɔc mïm puɔ̈l.

9. Dääu arir ëka cït **kak**, ee cop köör, go kë riŋ në kaam bäär yic arët. Ana wën ye jɔl lɔ löŋ go ɣɔɔl abï ya **käk** në riɛm.
10. Aleer ee cï yiën **ŋaar** de wɛŋ **ŋäär** de ɣɔk wään cï ke nɔ̈k paan de Leek.
11. Bul ee **thär** anyɛɛr arët, wään aköl, acï thon dïït de anyaar thɔ̈ɔ̈r piɔu në tim **thar** thööŋ piny.
12. **Gäk** acop **gak** wei dom yic duɔ̈k ke gak bï rap wët bei në nyïn ka ɣöt ken yiic. Ka, tiŋ de Monykoor ee cï rëër në kaam bäär yic ke kën dhiëth. Go ye mom ya jääm lueel ye cï **gäk**. Go mony de wɛŋ **gak** bëi bei ku leer paruääi de bïnnë kä yaath lɔ looi në kë ye tiŋ de ye gam man na yïn në kuɛɛr ë weŋ ke ka bï dhiëth.
13. Mäth dï(ë) acï mom määr go lɔ ɣön de **gäär** ke muk **gaar** në bɛk yic.
14. Diäär ke Tɔɔr aa cï ye **gam** në **gäm** dït.
15. Kɔc wään cï bën të de **ŋäny** de luak aa ke cï röt tek bï kɔc kë **ŋany** në luak bak ku kɔc kɔ̈k kë në baŋ ë.
16. Nyan de wänmääth acï këny ku ka **jai**, a jiëi röör në ŋö mony de piön de akën bën. Ku të bï yen ye lëu thïn acaa ŋic ëŋoŋ. Në ŋö wun ku wëtmäth ke, aa cï ke nïm thiöök. Aa cïï kör bïk kë kë ye nyanthiin ë lueel piŋ. Go bɛr them

bï jam ke man ku bï man bɛr lɔ jam ke wun ku wɛ̈tmäth ke mɛn nɔŋ të bï kek kë ye lueel piëŋ yeen. Go man **jäi** në nyin yic nhial, ku lueel ye ye mony rɛɛc ë yë yen në ke mony du. E kë ye lueel ë, ee abac yïn tit mëër yic, acïï bi bën yen mony duɔ̈ɔ̈n kɔɔr në yï piɔ̈u ë.

17. Nyandit acï diɛt juëc **cak** në kë cï yen cäŋ de diɛt löömke ye luɔɔi de. Acï diɛt juëc kɔ̈k **cäk** kɔc ke kä yaath.
18. Yeeŋa nɔŋ **dak/aduwäi**? Ee daŋ de wää. Wää anɔŋ daŋ töŋ deen nhiɛɛr arɛt. Aye muk në thaa thok ëbën, ana cɔk ya wëër yic ke ka cïï **däk** në muŋ de. A jal kuc yee ŋö cï yen nom ya määr në yeen në ye kööl ë.
19. Tïŋ raan dïït cï **nyaap** tui! Aɣöt **nyääp** bei në aduɔk yic.
20. Miɔɔr de Majök acol **nyäär** ku ka nhiaar **nyaar** në wut thok.
21. Ye raan bɔ̈ tui anhiaar **cäm** bï **cam** ke cï ye nom wɛl wei
22. **Taar** acï cil në **täär** da nom ka meth acï tɔ̈c ke **taar**.
23. Yïn ye menhë, yee ŋö ye **thau** ye tënnë? Ku cï lɔ nyuc ba lɔ guit në **thäu** wennë wëthii në tök.
24. Acï maa lueel ye na **laak** kë, ke yï duɔ̈nnë **lääk** ye ciɛɛt në pïu yiic, acïï pieth.

## Ee – Ëë

1. Ye **deŋ** cï tuɛny ë, ee deŋ tueeŋ ku **dëŋ** juëc kɔk aa bï tuɛny.
2. Kɔc ke **lëk** (piööc kɔc në të yen në tuanytuɛɛny gël thïn) aa cï bën, go nyanthiin ë ɣɔt **lek** tääu/kan piny ku ler bï lɔ piŋ në wël luel kë keek.
3. Ɣɛn ë yök raan ke **dëk** wïr yic, ana ye tïŋ ɣɛɛn go lɔɔr piny ke cï nhom, ye piny käc ë **dek**.
4. Kɔc wën cï lɔ yäp, aa cï thiäŋ lɔ rɔɔr në rok thok. Go kë tëk röt kedhie, **tek** kë në **tëŋ**(tëk) cïn raan dak piɔu.
5. Dhuɔ̈k aa **ber** wër në kë ye **bër** de wër luɔɔi töŋ de loilooi ye kë ke looi. Ka, Kuol acï akɔ̈ɔ̈n keeth ku **ber** ë Dääu beer në **bër** pieth arët yic dïït ë.
6. Diäär aa **yer** rap në **yër** dë cïï ye lɔ në kɔc nïïm
7. Riääk ee piny ŋuɔ̈ **keer** në **këër** de tim në thëi thok ëbën.
8. Tïŋ! Madut a **geer** riäi, a **gëër** wïr thok
9. Nyïïr aa **wer** pïu ku bïk kë jal dek. Ku yen ye cɔ̈ɔ̈k de ayiëëp ëya, a **wër** liɛɛt bei në nyɔ̈th yic bï pïu yök.
10. Raan dïït tök, ee cï wët thiek yic ëŋui lueel në **wet** yic, wët kɔɔr bï yen rörthii cɔk wët në ŋiëc jam ku riëëu.

# THOŊ DU PEEI
Luɔɔi, wuɔ̈c de akeer ku aguieer de thuɔŋjäŋ.

Lueel ye wët bï raan **wët** ka bï raan piöc në rïëëu ku kuëëny de wël a kɔɔr liɛɛr de piɔ̈u ku adöt

11. Na ŋic **kët** ke yï **ket** din wään cï agutyom cak da. Ka, rörthii aa cï raan bec raan nɔŋ guɔ̈p juäi tääu në **kët** yic ku **ket** kë paan de akim.

12. Wɔ ë ke kɔɔr **jëk** ke ca kee diäk ku ka cïï ye **jek** abac.

13. Majak ee lik në cäth, ake lɔ ke **beŋ** ye nom, ee kë na tïŋ yeen të mec ke ka ye tïŋ ke **bëŋ** cï rɛp miɔɔŋ yom keek.

14. Jɔk ee cï maŋ **ŋeŋ** go **ŋëŋ** näk ke dhie.

15. Köör cï **lëër** acïï cäth ye bɛr lëu, ee bï root jal **leer** piiny abac.

16. Meth **dër** ajïth aka! Na ca ye dom ke **der** cök duɔ̈k ke bï bɛr kɛr/kɛt wei në kë de rou.

17. **Peer** acï këröör gɔp, kuëk piny në **pëër** yic të ɣer ë wuiu.

18. Atooc a **rek** abuɔi, ee nyin në rek **rëk** nyin në.

19. **Keth** (wɛŋ keth) acï laac në **këth** thith nyïn këth lɔ dölöŋ.

20. **Thëc** pïu bei në awëlëny/aɣɔ̈m yic ku **thec** ke në tëët duɔ̈k ke yï bï piny thëi në keek.

21. Nyïïr ke dhie, aa cï ke **yëth** miɔɔc në kä ke dhuëëŋ, ake Adääu ye tök yen në ka kën ye **yeth** miɔɔc.

22. Macäär a ŋïc **ther** në pur arët, acï puur kïë theer në **thër** kën në ke kɔn theer në lan në ɣaac ɣɛn keek.

23. Muɔny **Dëër** acï wuïn de weŋ **deer** yic ku gɛ̈k në ye kɔ̈u.

## I i – Ï ï

1. **Kïïr** atɔ̈u në kiir nom. Ka kɔc wään mac **Kïïr** Adhiɔɔk acï kuɛɛth në **kiir** de Makarawiil (Bäkitwiil) kɔ̈u baŋ tui.
2. **Ḍic** mɛn nɔŋ Biöör **ŋïc** arët në akökööl ke Jiëëŋ awär raan ëbën.
3. Wɔ **tit tït** de Atëmyath bï wɔ bën lëk kë bukku looi.
4. Wɔ bï bäny yaath **tiit** ëmääth bï wɔ bën nyuɔ̈th **tïït** de.
5. Kɔc aa ke cï lɔ mai wëër cï **diŋ** thiɔ̈ɔ̈ŋ arët/apei, go Lual **dïŋ** ke dhïc ku atuur ke rou lɔ nɔ̈k.
6. Thök aa ke nyuäth në **tiim** thäär go kë ya lɔ ke ke **tïïm** në kë nɔŋ ë tiim thäär wɛl ŋïr.
7. Yäär acï baai **guiir** arët, **guïïr** kämaan keen bï bën.
8. Rem de wut acï **git** në **gït** dïït kën yen kɔn git në ŋö anɔŋ wïr de ayäŋ tɔ̈u në ye kööl ë Paliau.
9. Mïth aa ye ŋuɔ̈ lɔ në **yith** nom ku cööt kë ku piŋ kë ke **yïth** bï kë ke röt piŋ në kë ye yith ke lɔ gam röt.
10. Ee **yic**, ɣɛn cï **yïc** nyop wään thëëi.

# THOŊ DU PEEI

Luɔɔi, wuɔ̈c de akeer ku aguieer de thuɔŋjäŋ.

11. Ayak acï rïŋ **thim** ke koor nyin ago kɔc röŋ/thöŋ/lëu bï ŋɛk yaa nɔŋ **thïm** thiin de.
12. Atäk ee cï apiir **cik** në kuëër nom, go **cïk** ke tɔɔr.
13. Deŋ anɔŋ **tiŋ** tueeŋ de në wëër agör tï ku ka kɔɔr bï nyan dë bɛr **tïŋ** bï thiaak.
14. Nyïïr aa **wir** wiɛɛr **wïr** nom, ago kë ya lɔ ke ke piɛny.
15. Bäräc a **liir** biöök a **lïïr** thun de bï lɔ yiëër ke ke ye wïïn ke ɣɔ̈k.
16. Wënwää acï ye **riu** gut në **riu** de.
17. Acol ee ruëth **thith** ku jiël le ŋer në **thïth** në baai thok.

## <u>Oo – Öö</u>

1. Ee **boor** de piny yen në ke bïï ye rɔn ye but ë **böör** wakɔ̈u ë.
2. Kɔc ye Gërëŋmadiëëŋ **door**/theek aa ke cï duɔ̈r wääc amääth në kueer bïnnë kä yaath guiɛɛr thïn në ye ruɔ̈ɔ̈n në. Go kë nyuc ku **döör** kë röt.
3. Mɛnh thiin **koor**, acï **köör** lɔ deer, le diŋ guɔ̈p ke nin në but yic.

4. Adutacï ɣöt thön në yiu, kë cï jal döŋ ee **goor** de. Në kaam tiit yen raaan bï ye bën kuɔny në goor de ɣöt, go jäl le luɛɛk bï ajïth lɔ cuɔ̈p bei në toŋ yiic në kë cï yen tɔ̈u **göör** në kaam bäär yic.
5. Aŋui acï ɣɔ̈k thiäi **roor**, a **röör** aa cï lɔ bïk kë ɣɔ̈k lɔ kuɔ̈ɔ̈t yiic.
6. Nyïïr aa cam **tok** aduŋ **tök** yic.
7. Kɔc ë ke yor pëër de të de pol yic, aa ke cï **yoor** në kaam bäär yic. Go kë röt yɔ̈ɔ̈k bïk kë bɛr lɔ lɔ̈ŋ ëmääth. Ana yï lek kë në tim kɔɔr bï kek lɔ lɔ̈ŋ në ye cök, go kë **yöör** de këroor tïŋ ke tɔ̈u piiny, go kë riɔ̈ɔ̈c ku cïï kë ber nyuc ëtëën.
8. Deŋ abï tuɛny ku **doŋ** acï **döŋ** bii ke kën në kum nom.
9. Wää a **gom** cök thäär, cök ke jöŋ ku maa a miɔk **göm** në baai ciɛl yic.
10. Raan wään cuet **töör** në wëër yɔu, acï tuɔɔr lɔ̈k mɔi yic në kë cï yen **toor** piŋ yiic në wëër baŋ tui.
11. Ɣɛn cï mäth dï yök ke **dot** akuc kë bï looi, në ŋö weŋ töŋ yen në ye mɛnh de ruëëth acï **döt** në cuäkcuääk yic.
12. Mabiöör a **kok** në kɔc ken, yen në ka cï yen root lɔ dhuɔ̈k në **kök** yic.
13. **Jööt** aa cïï ye riɔ̈ɔ̈c aa bïk kë **joot** cï dhuɔ̈k.

14. Yïn cï meth guɔɔk në **gook** dït ëŋoŋ, alɔ ka ca nhiaac **göök**.
15. Abul ee kɛɛu ŋuö **yök** ke cï tɔc në **yok**/yuek yic.
16. Tiim aa **nyok** yïth ku **nyök** aa cïn piɔ̈th cäm de kek bïk kë ke tiɛɛt nyïn thïn.
17. Bäny de wut a **kot** wën dïït de ago **köt** ya lëu në muk.
18. Yee ŋa ye ɣön de **thök** liep/lieu thok në miäk **thok** ëbën në we yiic? Ee Bol. A jal kuc yee ŋö cï ye cɔk mär nom në yeen në ye kööl ë.
19. Rëëc a **ŋot** rïŋ ku Agɔ̈th a **ŋöt** tuur akör/t. Ka, meth duɔ̈nnë ye **ŋot** ke yï cäm. Ka, **ŋöt**/ŋöl ke diäk aa cath wɛk.
20. Raan **töŋ** dhie ye cath ë töŋtöŋ acï **toŋ** ke ajïnh de Magɔ̈k käc yiic kuem keek ku lɔ ke lɔ.
21. Madiŋ a cï **tot** (guŋ) bï wiën lööm bï yen miɔɔr cï **töt** (ŋuɛɛt) mac.
22. Në kë ye luɔ̈ɔ̈r yen në kämaan **loor** kë thiek yic arët të nɔŋ Jiëëŋ, ke Ajɔk acï miëu/miök thiin ë tɔu bëi bei bï yen kämaan diäŋ. Ku jɔl keny de miök **löör** yic bï yen kuïn de mïth tuëët.
23. Yaa ŋö ye we **lok,** yee ŋö cï root/rɔt looi? Cïï ye many wën cï Ŋɔ̈ɔ̈r cuɔ̈ny yen cï wɔ lɔ̈k biöör në **lök**.

24. Piŋ ku **löm** ku duɔ̈nnë ber lɔ wuau arët, në kë cïnnë jam yen në **lom** lööm ke ye kë pieth në ke aköl kë.
25. Kuɔl cï cil në γön de mäth dï kɔ̈u, ee kuɔl tɔ̈c ë **göt** ku ka kec ë **got**.
26. **Döm** meth aka, alɔ pol në rap **dom** yic.
27. Duγɔɔc acï duγööc γɔ̈c kä nɔŋ kɔ̈th **köm** ku ka ye ke koom ëya në **kom** thiin ë.

## Ɛɛ - Ëë

1. **Bɛɛr** arac ëŋoŋ, ku jɔl bɛr rac ëŋui të cïn yen raan ruääi ke yïïn raan bï yï ya dɔc **bëër** të nɔŋ yen kë kuany yï nyin.
2. Rörthii wën cï ke yuɔ̈p biöök bïk kë γɔ̈k lɔ biɔ̈ɔ̈k, aa **rëër** në ŋaap thar aa pol në tökkurou, ku ka cï γɔ̈k päl **rɛɛr** ke pëi.
3. Diäär wën cï lɔ ŋer në noon aa cï **ŋɛɛr** lɔ rɔɔr në **ŋëër** den yic.
4. **Gëm** ë moor pïu ku du ke **gɛm** ke kën në kɔn thiëëc mɛn kɔɔr yen keek.

5. Weŋ wään la bëi paan pakuɛɛr da acï **kɛɛr** aka cï nom ya dhïc. Ye kën në, acï ɣa cɔk mit piɔu arët yic dïïtë në kë ye yen **këër** de ruääi ku ye muŋ de nyin de ciɛɛŋ da wuɔnnë panëër da.

6. Lonytooc ka aŋuɔɔn acï **rëc** cuet në abuɔi yic ku **rɛc** abuɔi ëya, tuëëny kɔ̈u.

7. Wänmääth acï **rɛɛc** ɣön de gäär (në thukul de dulëëk/mïconarï yïthkuul) në kë cï yen ye nyuɔɔth në athöör cï gɔ̈ɔ̈r yic mɛn cïï yen ye ye gam mɛn nɔŋ nhialiny de raan ɣer riɛɛr yen **rëëc** nyaai.

8. Ke kɔc kui aa cï **këëk**, ca tïŋ raan tök acï raan në kaak nom, **kɛɛk** nom në ye rɔ̈th.

9. Ye tiŋ tui acï nuan, amuk rɛp juëc në **lëth** yic ku kaa cï ye tiaam kök. Ca tïŋ! A **lɛth** ë kök.

10. Yee ŋö cï we ya cath ke we cï **wɛɛr**, cïn **wëër** pieth cak kë lɔ yök?

11. **Gɛɛr** ë riäi në cäär baŋ tui ku ber ë lɔ **gëër** ciëën ba tïŋ mɛn pieth yen cök.

12. Kuir ee cï lɔ **ɣɛɛc** në rap rɔɔk ku leer root/rɔt dhuɔ̈k ke **ɣëëc** kä juëc kuöt yiic, nɔŋ yiic yï awai, thukar, miök de tuëët ka dheet ku jɔl ya kä juëc kök.

## ɔɔ - ɔ̈ɔ̈

1. Kɔc wään luel akeu aa cï lɔ̈k këëk, go raan tök raan në **dɔɔr** arët kuïït cök bei abï lɔ löny ke ɣɛk ye yic piny. Go raan cï wit lueel, ye ye kë ca looi ye tënnë yë, acïï ye kë bï wɔ bɛr dɔc **dɔ̈ɔ̈r** wuɔnnë yïïn.
2. **Tɔɔr** (yom) acï tɔŋ cool **tɔ̈ɔ̈r**. Ka, **Tɔɔr** (rin ke raan) ee cï meth laŋ nhial arët, go meth yic **tɔ̈ɔ̈r**, dhiɛɛu cɔɔl ye bï lööny piny.
3. Tïŋ mɛnh de **gɔ̈ɔ̈r** akï thiaaŋ në **gɔɔr** nom ë.
4. Menh ë, diɛ̈i ë **tɔŋ** paan de Tɔŋ, lɔ ku tɔŋ thïïk thok amääth ku duɔ̈nnë tɔŋ në **tɔ̈ŋ** lɔ rïprïp duɔ̈ɔn dhie.
5. Yaa ŋa ë **ɣɔt** töny yic wën miäk? Ye yïïn ka ye Akuɔl? Acïï ye ɣɛɛn, ɣɛn në **ɣɔ̈t** në ye kaam awën tɔk kë töny ë.
6. Këroor acï weŋ de raan dhie ye kɔc dɔc **nyɔɔr nyɔ̈ɔ̈r** në miäk wään.
7. Ye raan thiin **gɔk** tɔŋ de tui, akɔɔr bï nyan deen de **gɔ̈k** lɔ tïŋ në ye kööl ë në baai baŋ tui.
8. **Cɔk** ee kɔc cɔk **cɔ̈k** ke gup.
9. Kɔc aa cï **rɔu** nɔ̈k ku jal kë ya **rɔ̈u** në ye lɔ̈ɔ̈m.
10. Ee kë cït thar **jɔk**. Acaa ŋic! Ye ŋö cï **jɔ̈k** lɔ riel piny ken në ɣɛɛn?

## THOŊ DU PEEI
Luɔɔi, wuɔ̈c de akeer ku aguiɛɛr de thuɔŋjäŋ.

11. Thun de aköl wään cï wää lɔ puɔ̈ɔ̈r piny duɔm **ɣɔɔr** acï lɔ̈k **ɣɔ̈ɔ̈r** ku dhuk root/rɔt piny abï cïit ke kën në kɔn puur.
12. **Kɔc** cï **kɔ̈c** ka kɔc cï dhiɔp aa yen në ke nyïn tïït arët.
13. Ya ŋö ye yïn ye **dhɔɔt** yic kuc mɛn rɛɛc yen ke raan cï ye thar **dhɔ̈ɔ̈t**?
14. Pagëllëŋ ee thät ɣööt go ɣöt yic tuɔ̈i/miin arët. Në kaam ŋoot ë töny ke kën **piɔ̈ɔ̈r** go awëër liep nyïn bï **piɔɔr**.
15. Apat akuc të ye **wuɔ̈ɔ̈r** awai, ee ye cin **wuɔɔr** awai yic abac ku ka kuc bï liëëp nyin apieth ye dï.
16. Wää ee cï lɔ̈c lɔ yem ku **piɔɔth** ke kɔ̈th ku jɔt keek bïk ke bëi baai. Në kaam ciɛth yen kueer yic go dëël leeu cök lööny pɔ̈k ke lɔ̈c, na ye jɔr root go root yök ke cï kök **piɔ̈ɔ̈th** në baŋ töŋ.

## Luɔɔi du 2.

1. Nyuɔɔth ë wuɔ̈c de ke wël kë;
   nyim - nyim, duiny - duiny, mim - mim, lim - lim
2. Gät wël ke ŋuan nɔŋ yiic **a** ku wël ke ŋuan nɔŋ yiic **ä**
3. Gät wël ke dhïc nɔŋ yiic **e** ku wël ke dhïc nɔŋ yiic **ë**
4. Gät wël ke diäk tɔ̈ ë **i** ke thïn ku wël ke diäk nɔŋ yiic **ï**

5. Gät wël ke dhetem nɔŋ yiic **o** ku wël ke ŋuan nɔŋ yiic **ö**
6. Gät wël ke rou nɔŋ yiic **ɛ** ku wël nɔŋ yiic **ɛ̈**
7. Bëi wël ke diäk nɔŋ yiic **ɔ** ku wël nɔŋ yiic **ɔ̈**
8. Bok anhiaar g--u ana cɔk cïn kë dïït looi baai
9. Yaa ŋö ye g--u wïr yic?
10. Yïn cï kɔ̈m nyuc yic në k--.
11. Ya yïn d-m tim kɔ̈u në ye d-- pieth ë.
12. Tääu ë ke wël kë në wuïïn ke jam yiic;

    tiɔk - tiɔ̈k, ëtip - ëtïp, kou - köu, piir - pïïr, lɔŋ - löŋ, bith - bïth, biny - bïny, gɔny - göny, wec - wëc, coc - cöc, ɣɔc - ɣɔ̈c, bac - bäc, yit - yït, jec - jëc, jeer - jëër, bet - bët, loc - löc

13. Ye wët nou kɔɔr akeer yäu në ke wël kë yiic ku ye wët nou në ke yiic lëu bï wël ke rou wël nɔŋ yiic akeer dheu ku akeer yäu bëi;

    tom, gɔk, cɔc, cɔɔp, kɛɛth, nyoth, nyooth, thaac, thac, dol, riaath, apoor, poor, ɣoor, kiit, nyath, room, pɔɔk, thony, thany, joor, yiir, lam, bom, moor, mot/mor, telleeŋ, riɛm, mir, mit, miit, miɔk, roi, rik, rɔk, rɔi, reet, rɔɔt, nyiny, koi, kac, nyoor, nyiɛɛr, nyeer, dool, buɔm, biɔɔr, pik, pir, piɛɛr, pat, guɔm, gath, gaɲ, gɔth, giɲ, gith, geth, goth, gat,

# THOŊ DU PEEI

Luɔɔi, wuɔ̈c de akeer ku aguieer de thuɔŋjäŋ.

ŋɔth, nyuɔth, bom, kop, pok, piir, ŋak, ŋaŋ, ŋai, ŋat, ŋal, ŋam, ŋaam, ŋaath, ŋau, ŋɔk, ŋɔɔm, ŋook, ŋor, kaai, yɔc, yɔth, yɔt, yath, yɛɛk, ɣai, ɣaath, wath, rot, wat, rat, waŋ, wal, cok, coth, cot, cuɔɔt, pam, pɛr, poth, poc, nyi, nyuiiny, nyeŋ, dhaŋ, dhaar, dhar/t, dhaath, thuaar, that/r, daar, duaŋ, kaaŋ, laath, laau, nyalith, nyoŋ, nyom, nyuan, kit, dep, deep, lɔt, loot, wet, woŋ, wuɔŋ, wik, gem, coŋ, kep, tɔk, liu, liiu, kɔu, riɛɛu, cek, lam, jaŋ, nak, noor, jaar, ror, math, keeth, joŋ, jar, rak, tuak, nyith, nyiith, neer, ŋuan, dhim, thip, pith, ŋuany, ŋuaŋ, ŋuac, ŋuat, ɣoŋ, rac, rap, ram, rɔc, dhiam, dhit, luɛɛŋ, gɔt, dhoŋ, dhik, dhiu, mik, dhiir, thoŋ, keŋ, reep, rap, joc, jooc, jic, guit, thuat, ŋop, thiëp, thip, cɔŋ, coŋ, kiny, ɣoc, ŋuiɛn, jɔny, yuet, jar, jaar, piɔɔt, biok, piith, taac, caat, ɣaat, ajaat, acɔɔt, abeŋ

14. Thoŋ du ee k- d-

15. Ye wët nou në ke wël kë yiic yen cïï root thëny weŋ? (a) yäu (e) anuöu (i) yöl (o) biɔc

16. Paan de Tuïc në Jɔŋkulei, ke yom ye puöt të ye aköl lɔ riaar thïn a ye cɔɔl (a) Athökpeer (e) yom tooc (i) yom rɛɛr (o) yom ruör.

# 3. WËL NƆŊ YIIC AKEER DHEU KU AKEER YÄU KEE ROU WÄÄC.

Ke kä cukku ke tïŋ nhial kui, aa ye wël juɛc nɔŋ yiic akeer töŋ dheu ku akeer töŋ yäu cïmɛn töu ë **tok - tök**, ku jɔl ya wël cïnnë ke akeer töŋ dheu ku akeer töŋ yäu dhuk yic arak rou cïmɛn de, **took - töök**. Ku në ye mɛn thiɔ̈k kë, ke kä bukku ke tïŋ në ye cöök kë yic, aa ye wël nɔŋ yiic akeer dheu ku akeer yäu wääc ke rou, cïmɛn töu ë; **ia-iä, iaa-iää, ie-ië, iee-iëë, io-iö, ioo-iöö, ua-uä, uaa-uää, ue-uë, uee-uëë, ui-uï, uii-uïï, uɛ-uë, uɛɛ-uëë, iɔ-iö, iɔɔ-iöö, iɛ-ië, iɛɛ-iëë** --. Ke akeer kë cïmɛn de akeer kɔ̈k kë, aa ye lɔ në kɛm ke akeer lɔɔc bïk wët bëi. Bï yic pial të nɔŋ raan kɔɔr bï thuɔŋjäŋ ŋic ku raan ŋic thuɔŋjäŋ wën thɛɛr, ke ke wël bïnnë ke luɔɔi ku wuɔ̈c de ke akeer kë nyooth ë, aa bï ke tääu në wïïn ke jam yiic aya, ago të yen në ke guɛɛl thïn ku gët ë ke thïn në thuɔŋjäŋ yic ŋic ku det yic. Nyoothden akï:

1. Biɔŋ – biɔ̈ŋ

Thiëŋ wään aköl loi në baai baŋ tuï, aa cïnnë diäär dhuëŋ thïn arët, aa ke cieŋ **biɔŋ** pieth cï ke ŋïc kɔɔc, ku yen në ke ye cöök

# THOŊ DU PEEI

Luɔɔi, wuɔ̈c de akeer ku aguieer de thuɔŋjäŋ.

de rörthii wään cï ke nyuɔ̈ɔ̈c në **biɔ̈ŋ** ke dhïc yiic ëya, aa ke cï dhuëŋ ëŋoŋ/apɛi.

2. Diaŋ – diäŋ

Kɔc cï cath rok yic në kaam bäär yic, aa ye mïm **diaŋ** në thaa dë abïk kë të ë bïï kek thïn ku të leer kek thïn kuc. Maa acï malën **diäŋ** në miëu/miök yar.

3. Thiɔɔr – thiɔ̈ɔ̈r

Tony panëër da acï **thiɔɔr** në thiɔɔr dïït cï yen kä juëc **thiɔ̈ɔ̈r** bei.

4. Thiaaŋ – thiääŋ

Yɛn ë nɔŋ piɔ̈u lɔ bii ba lɔ **thiaaŋ** në aköl nyin amääth, guɔ käŋ looi ë putput/ränyräny kaar ba dɔc thök ë thät, guɔ aŋɔi tääu në mïth yic ke ke juëc, **thiääŋ** mom.

5. Duɔɔt – duɔ̈ɔ̈t

Yee ŋö cï yïn ya **duɔɔt** arët wu lë, yee ŋö ci root wuɔ̈ɔ̈c? Cïk kë ye kɔc wään ci piɔ̈ɔ̈t në acaar yic, ke cï wun den **duɔ̈ɔ̈t** wën wakɔ̈u në muɔ̈ɔ̈ŋ ke kɔc nin ku cɔk kë yɔ̈k tëk në dum yiic riöp ke rap.

6. Wuɔɔk – wuɔ̈ɔ̈k

Apuruuk/rem de tɔŋ aa ye nyïn tïït në mïïth ye kë ke cam duk ke ke bï **wuɔɔk**. Ka, Maguäŋ acï löi tuek ke dhie ku löny tök a ŋot ke gök yeen, aye wuuk ku ka ŋot ke cïï root dhör bei. Acï mom riɛɛr a kuc të bï yen ye ber **wuɔ̈ɔ̈k** thïn ago root dɔc dhör bei.

7. Thiaak – thiääk

Nyan de Jɔk acï **thiaak** në raan ye guɔ̈p ariäu arët. Paan den, paan pakuɛɛr da ku paan de wuwac aa **thiääk,** aa ciëŋ piom tök në lɔ̈k thok.

8. Thieek – thiëëk

Rem de wut acï të wään cï dhuɔɔŋ në thiek **thieek**, ku kɔc dït ke baai aa cï guɛɛr në **thiëëk** yic, thiëŋ de nyan thiin wään cï gäm paan de.

9. Juaac – juääc

Yee ŋö na jam raan cak kë nhiaar guɔ̈p, ke we lɔ **juaac** we dhie, wuɔu kë abak kë ciët aguek dhiaau puul? Ku na ye raan kaar kë yen jam ke we lɔ dïu miɛm kë? Them kë, bak kë ya lɔ duk ku piëŋ kë cï **juääc** ye root päl piny ku pïŋ.

## THOŊ DU PEEI
Luɔɔi, wuɔ̈c de akeer ku aguieer de thuɔŋjäŋ.

10.  Juɔɔr – juɔ̈ɔ̈r

Dhuɔ̈k aa riŋ, aa cop raan weer **juɔɔr** piny cök. Weer piny ka tëŋ de juɔɔr ee lon töŋ ye looi të looi ë Tuïc kä yaath ke. Cïmɛn ŋic wɔ ye, **juɔ̈ɔ̈r** ëbën de piny mom, aa nɔŋ kuɛɛr juëc wuɔ̈c yiic ye kek ke yiëth ken ku kä juëc keen thiek yiic ke cieŋ kuany cök thïn.

11.  Guet – guët

Ye raan **guet** lɔ̈ɔ̈r tui, acï dhuëŋ arët, acieŋ **guët** në ye kɔ̈u ku guën jäŋ në ye yeth.

12.  Duɔɔŋ – duɔ̈ɔ̈ŋ

Këkɔk/maa dït ee **duɔɔŋ** ŋuɔ̈ doŋ ku yïn wuɔɔk të cï wɔ bën paan de. Go ku ŋic ana cukku tak bukku cam në duɔɔŋ ke wɔ ye lɔ paan pakuɛɛr da. Ku ka cïï maa nhiaar bukku ya but në lɔ paan pakuɛɛr da. Në thaa dë, ke kee wɔ pëën bukku cïï lɔ, ke kë yukku looi, ayukku **duɔ̈ɔ̈ŋ** në wël pieth ku liip ku röt wei ke kën wɔ tïŋ.

13.  Tuet – tuët

Ye piɔŋ cï kɔ̈u **tuet** ë ba jat wei ku **tuët** kuïn aka, yɛn bï lɔ gääu amääth.

14.    Riau – riäu

Mäth du acï **riäu** arët, acï tim wään cï **riau** tɔu në koor mom lɔ̈k käŋ nom ku riit lueel ye ye kë de.

15.    Kiɛɛr – kiëër

Ɣɔ̈k kuɔ aa ye ke **kiɛɛr** luɛɛk në thëi thok ëbën. Kiir luɛɛk de ɣɔ̈k në muɔ̈ɔ̈th yic amɛɛn wänmääth arët. Ana cï riëc kiir den luɛɛk, ke ke kɔc but ë thiëc, ye ye ŋö ye we ɣa **kiɛɛr** akiir yic bak kë ɣa riëc **kiëër** de ɣɔ̈k.

16.    Piɛth – piëth

Majök acï wën de **piɛth** mom nhial arët, acï yiën tɔŋ ë ye yen dhuëŋ ɣɔn yen raanthi, në kë kɔɔr yen yeen bï wën de dhuëŋ ku bï piŋ ayadëŋ në **piëth** de yic.

17.    Gueer – guëër

We ye mïth kë, yee ŋö ye we kɔc **gueer** gup? Kuɔ̈c kë mɛn na rëk kee kɔc juëc cï **guëër** kë, aa ke bɔ bïk kë Jɔk bën kuɔny në puɔ̈ɔ̈r de dom.

# THOŊ DU PEEI
Luɔɔi, wuɔ̈c de akeer ku aguiɛɛr de thuɔŋjäŋ.

### 18. Kueer – kuëër

Atooc aa kuany **kueer** tök yic, kueer yï kë gam ke ye yen bï ke lɛɛr në **kuëër** nom të kɔɔr bï kek abuɔɔth/abiaath ken lɔ dɛɛp thïn ka guɔ̈t piny thïn.

### 19. Kuɛɛr – kuëër

**Kuɛɛr** yen në ke lɔ aɣeer aa cï lɔ däkdäk, kë bï looi kɔc aa bï ke piɔ̈ɔ̈th **kuëër** ku ruŋ kɔc ke piɔ̈ɔ̈th kä töu në kɔc.

### 20. Diɛɛr – diëër

Bäny de baai acï **diɛɛr** arët në pïïr de kɔc ke, në kë cï riääk dït baai. Acï kɔc tiaam gup, aka cïn raan ye **diëër** de lɔ̈ɔ̈r bɛr tak në kë cï riɛl lɔ ke liu.

### 21. Piaat – piäät

Walën acï biöŋ de abiɔɔk **piäät** në wut thok, ago aköl **piaat** lëëŋ bei në ye guɔ̈p.

### 22. Puɔɔr – puɔ̈ɔ̈r

Mïth acï ŋeth **puɔɔr** piny, giit kek të bï ke thuëëc/pol thïn, ku jɔl kë yaa ket ya **puɔ̈ɔ̈r** në deŋ yic acïï pieth, dɔc pur ke deŋ kën guɔ tuɛny.

23.　　Dhuɔɔŋ – dhuööŋ

Tiim ke paan da aa cï **dhuɔɔŋ**. Yee ŋö cï ke dhuööŋ/dhoŋ? Aa cï yom ke **dhuööŋ** köth wën waköu.

24.　　Luat – luät

Yee ŋö cï yïn nyin ya **luat** arët wu lë, kën në nin apieth wën waköu? Në yic pacɔ̈k, ɣen kën ŋiëc nin apieth wën waköu në ŋö piny ka nɔŋ **luät**. Ku na nɔŋ piny luät ke ɣen ye arɛɛm reem guɔ̈p arët.

25.　　Luiit – luïït

Mɛnh töŋ de ɣön de gäär acï bën ku **luiit** wuɔɔk ku dhuk ciëën. Në ŋö mïth ke ɣön de gäär aa ye **luïït** awëër nyin bïk tïŋ men nɔŋ dupiöny bö të nɔŋ keek.

26.　　Muɔɔr - muöör

Yee ŋö cï we **muɔɔr** wä ya, abï ya we kɔn bën në wuɔɔk. Dic ŋö! Ee dë cukku bën në tök, ke kë cï root looi kueer ee cï wɔ duɔ̈r **muöör** nyïn.

27.　　Ciɛɛr – ciëër

Duönnë aduuk ye ŋuö **ciɛɛr** aa bï thäär baat. Ku na cɔk ke baat thäär nyan de ma, ke yïn ba cuɔp në cer nyïn. Go ya ŋö rac thïn, ɣɛn bï root guɔ lɔ wuaaŋ ke ɣa ye cïëër de run de piny. Ku ŋic man yen **cïëër** de run de piny yen ye lɔ ya atït ɣɔ̈k pɛɛi ëya.

28.  Cueec - cuëëc

Mɔny, ye abac cï yïn root ya **cueec** arët wu lë? Acïï ye abac, ɣɛn lɔ paan de wää, tiŋ de wää ee töny **cuëëc** ku ɣɔɔc ke wei, a ɣɛn lɔ ba lɔ ɣööc në töny.

29.  Thuɔɔr – thuɔɔr

Tik ee cï aduɔ̈k wir(t) **thuɔɔr** abï ciën të kuany root, go mony de baai **thuɔ̈ɔ̈r** kuany thok ku jiël le tai. Ka, luaŋ pathuɔ̈ɔ̈u de Col acï **thuɔ̈ɔ̈r** piny ku ber ë nyɔk në them de yic në kë ë cïnnë ye kuɔ̈c them yic tueeŋ.

30.  Nyuɛɛth – nyuëëth

Raan wään cï yuɔ̈p biöök anɔŋ guɔ̈p **nyuɛɛth** arët. Akën ɣɔ̈k lɔ nyuääth në **nyuëëth** pieth. Aa cï ke lɔ päl të cïn wal, ku ka cï lɔ jäl ëya bï lɔ guem në arëth në biɛnh **nyuɛɛth**.

31.  Yuak – yuäk

Raan ee bɔ̈ ke ɣëëc non diëëŋ kë, bïï ku cuɛt ke piny ë **yuak**, ku ye jɔt ye nyin, ke tïŋ mäth de ke cï ye kɔ̈u kuëm kä juëc kë, aka ye tïŋ ke lɔ yuäkkäk. Ana wën lee ke luɔ̈ɔ̈ny bei ke kä wën cieŋ keek kë, go jɔl ya wëëi ë **yuäk**.

32.     Kuɛth – kuëth

Rörthii aa ke cï **kuɛth** ke muum nïm/mïm go kë **kuëth** tak bïk kë wut kuaath në wëër yic.

33.     Ŋuet – ŋuët

Mawää (mɛnh wää) **ŋuet** ye thän tɔ̈u nhial tui **ŋuët** piny.

34.     Ŋuɛɛt – ŋuëët

Në ɣän juëc rɛɛc ë pïïr ke keek thïn, ke kɔc nɔŋ mïth thii kor aa ye diɛɛr në ŋuɛɛt lëu bïnnë mïth ken **ŋuɛɛt** në ciën mïïth röŋ kɔc. Ku ciën mïïth, a yen në kɔc ke gup **ŋuëët** në thɛɛ kɔ̈k.

35.     Yiɛɛr – yiëër

Maa a wec **yiɛɛr** kɔ̈u në jöŋ yic ku wää a **yiëër** wiën gɔ̈ɔ̈l.

36.     Luɛɛr – luëër

Dɔc lɔ töc wɔ bï **luɛɛr** wei në durdur. Duɔ̈k ke raan dhie käny ɣɛɛn/yaan bï wɔ muɔɔk piny ke wɔ kën jäl. Ee ɣa ŋuɔ̈ **luëër** yic në muɔ̈ɔ̈ŋ akën piny run.

37. Nueet – nuëët

Duönnë jak, ee **nueet** ë piny abac bï yen thaa bïnne ye looi tiit. Ɣoou! Na cïn të de nyuc cï ye mɛn në, ke ɣɛn bï Atëm lɔ kuɔny, Atëm acï acuth ke wïïn pith **nuëët** ke thook ku ka kën ke thöl në pïth.

38. Riɛɛr – riëër

Kä ye **riëër** (ariäu) ke looi në thɛɛ kɔ̈k, aa ye kɔc riir nïïm. Ku kɔc cï nïm **riɛɛr** aa cï yith ye dɔc deet yiic në thɛɛ kɔ̈k.

39. Riɛɛc – riëëc

We **riëëc** wennë ye raan thiin wën ye jööny cïï root bï kan/geei në tim cï ɣäk duɔ̈k ke bï ye **riɛɛc** piny. Ka, **riëëc** ba kɔc thiär ku riääc ë ke yiic, acïï ke ye cɔk bäth mïm në yic den, cieŋ ku kueer ye kë tïŋ ke pieth kënnë pïïr den. Na cɔk kë ke thook biit/deer ke ka ŋot ke ke ŋic kë kɔɔr kë.

40. Piɔu - piɔ̈u

Ɣɛn ë cï **piɔ̈u** lɔ jäp/jeth wei arët, ye **piɔu** tuï aca duör tïŋ cï këroor cï ye yic dol/kööl. Ku kara! Ye piɔu ë ŋui? Yee ŋö yen root looi ci yiääi de col.

41.    Piɔk - piɔ̈k

Yee ŋa **piɔk** anyol në we yiic? We ye **piɔ̈k** den wëër, cïï ye yeen? Ee yic, piɔ̈k de anyol ayuku wëër wɔ ŋuan. Raan piök në ye kööl ë ee Baak ku ka cïï kɔɔr bï lɔ. Aye lueel ye cï **piɔk** tïŋ ke cï root wuɛɛt piny anyol thäär në kööl wään. Ku Baak ee riɔ̈ɔ̈c në piɔk arët ku ka cïï ye nhiaar bï ya tïŋ guɔ̈p.

42.    Guɔɔr – guɔ̈ɔ̈r

Acïï ye raan ëbën yen ŋic yïŋ de yɔ̈n **guɔɔr** ku ka cïï ye raan ëbën ëya, yen nhiaar **guɔ̈ɔ̈r** de biöŋ cï lot ka biöŋ cï both/dhiäth.

43.    Kuɔr – kuɔ̈r

Anɔŋ kë ë ca ŋöör ke kur baai ku ya la baai ke ɣa lɔ ku yök maa ke cï rïŋ de lën cï **kuɔ̈r** ci **kuɔr** pieth thaan.

44.    Kuɔɔr – Kuɔ̈ɔ̈r

Ya ŋö cï piny ya **kuɔ̈ɔ̈r** ye lë ye ŋa than kë kur në baai thar. Nɔŋ kë ŋuäc ke kur ë mɛn në? Mm! Kën në ŋöör? Akën ŋöör, ɣen cï wum ruɔɔc mawää, anɔŋ kë cï cïïl bei në ɣa wum kë cït **kuɔɔr**. ku ka cï ɣa thiöök wum ëbën a ɣen cïn kë ya bɛr dɔc ŋöör.

**THOŊ DU PEEI**

Luɔɔi, wuɔ̈c de akeer ku aguieer de thuɔŋjäŋ.

## Luɔɔi du 3.

1. Bëi wël ke dhetem nɔŋ yiic akeer dheu ku akeer yäu ke rou wääc.
2. Wuau wuɔ̈c de Muɔŋjäŋ ku Jiëëŋ, wuɔ̈c de thok ku kɔc nɔŋ yeen
3. Tääu ë ke wël kë në wïïn ke jam yiic;
   adiiŋdiiŋ, yiëëm, yam, agëëigëëi, ɣaar, muɔɔr, juaar, juët, nueŋ, nääp, aliäny, lääth, awäŋwäŋ, liaaŋ, kuɛɛm, bem, tuuk, tuɔ̈ɔ̈k, aluur, ruaal, kolloŋ, köllöŋ, pëëny, tuɔɔp, tuaar, ruaar, amɔntïït, ŋuuk, amuɔ̈muɔ̈, madhandak, magarrau, aduruk, alurpiny, aruk, ëŋuäu
4. Wuau wuɔ̈c de kec ke göm
5. Ye ŋö, ye yic thieek de luak të nɔŋ Jiëëŋ?
6. Ye ŋö ye lueel de Turuk?
7. Wuɔ̈c ke wël kë ka cïï kë wuɔ̈c?
   Ëcut - ëmut, ëbai - ëtam, ëgai - ëgeŋŋeŋ, ëguei - ëdölöŋ, ëbiliny - ëɣɔr, duruaal - nyaany acɔɔk, ëwuiu - ëyäm, akukuäth - ayup, abïk - tuɔɔp, arop - yuɔɔu, aköu - pathäära, luɔu - däkka, tuur - tɔɔr, ajiiliu - mam, puɔ̈r - dhiäm, kuɔɔr - piɛɛr, kadhoroon -nyanabal, abeerdhuɛɛc - ayɔ̈lyɔm, Deŋdït - Nhialic, Pääc - nïn, bath - baar ë

piny, riam - guër, dök - rek, biɔɔŋ - mayɔlyɔl, juëër - kut, doŋ - kep, boŋ - gut, telapun - jääth, bäny wut - bäny yaath, athën - akɔlɔn, ŋeth - col, aɣöndhiö - maya, aguŏlnom - pɛɛm, aduɔlcieth - aluɔ̆rwëër, ëgirriik - ëkerreek, ëyut - ëdorroony, ëkot - ëkop, ëɣäny- ëdurruuc, ëdhulluuny - ëkorrooc, nyara - abiɔ̆ŋ, atiɔ̆ɔ̆p - wɛi, ëniäk - ëmänläny, teeŋ - ŋɔɔm, köör - wëndiɔ̆ɔ̆r, ëcäi - ëbolloc, ëthollom - ëtubuu, ëtilliiŋ - ëcätpiny.

## 4. WËL THƆŊ AKEER KEEK NË GÄÄR KU CƆT

Wël bukku ke ber tïŋ ë tënnë, aa ye wël thɔ̈ŋ në gäär ku thiɔ̈k kë në cɔ̈t arët ku wët yic den awuɔ̈c cïmɛn tɔ̈u ë **tiët/tiër** - raan ye kä yaath tïŋ ka cɛɛr keek ku **tiët** - ba raan ka kë bï bën tueeŋ tiit ka ba tïït ke yï gël kɔc kɔ̈k në kë näk keek, ka ba kɔ̈k ke pïïr tiit cïmɛn tɔ̈u ë rap, thök, ɣɔ̈k - ba ke gël në kë cam keek ku kë näk keek ku jɔl ya kë nyɛɛi ke nyïn. Kueer tɔ̈ŋ yen në ke wël cït ke wël kë poc thook ka yen në wuɔ̈c den dɔc ŋic, ee të yen në ke guɛɛl thïn yen në ke ke dɔc cɔk ŋic keek apieth ye wët nou ye kë cï root gueel ë. Të nɔŋ kɔc ke thok (Jiëëŋ) ke ka kɔ̈c/piɔl yic bïk kë wuɔ̈c de ke wël kë dɔc deet yic në ŋö ke wël kë aa wuɔ̈c ëmääth në cɔ̈t. Ku të nɔŋ kɔc piööc thuɔŋjäŋ ke cïï ye thoŋ den, ke ka nuën ëmääth bïk kë wuɔ̈c de ke wël nɔŋ ke wël diëëŋ bukku ke tïŋ piiny ye tën në yë dɔc ŋic ku det kë ke yiic. Nyoothden abukku tïŋ:

# Wël nɔŋ yiic akeer dheu

1. Abac - abac

Kɔkɔɔk/maadït ee ŋuɔ̈ nin **abac** yic γöt thok, na miäk duur ke ka pääc ku wïk ye mom në jiëëm mɛn na rëk ke ye nin piiny **abac** ke cïn athïn ye yen tɔ̈c thïn.

2. Jak - jak

Nyɔk acï Deŋ göny, **jak** kët ku lueel ye tïŋ **jak** aka cï mat jɔ̈ɔ̈r ë. Go kë yup yic në dɔl ke dhie ku luel kë, ye yee ŋö cï wëër yic jal jakjak ye ya abï yic cït paan cieŋ kɔc cï **jak**/bäny/kuɛth.

3. Lath - lath

Wɔ ë ke yök köör ke kääc në kueer ciɛl yic, go ku riɔ̈ɔ̈c, bï wɔ **lath** abukku ciën të da. Go raan töŋ de wɔ yiic ye nom tak në kë bï looi bïnnë köör cɔk jiël kueer yic. Go ye yic yaat wïk gua(k) ku lony root nhial ku biir tɔŋ yic, ku lueel ye yɛɛc, ca majök tëëk në baai thok abï nyïïr nïm määr në kä ë ke loi kë keek. Na wën le kë moth yic, go nyan në nyan në yɔ̈ɔ̈k ye löm lënh/atäny tui bï yïn **lath**, Agäu a läth në lënh/atäny dër ë.

4. Piny - piny

**Piny**/cuau yï cin ku duɔ̈nnë **piny** thëi.

# THOŊ DU PEEI
Luɔɔi, wuɔ̈c de akeer ku aguieer de thuɔŋjäŋ.

5. Tueeŋ - tueeŋ

Ke kɔc rëër **tueeŋ** kui, ye ŋɛk ke ŋɛk **tueeŋ** nom ë, aa ye mïth ke tiŋ tök, aa ye luup. Ake ŋö ye ŋɛk ŋɛk tueeŋ nom? Ɖɛk ee ŋɛk tueeŋ nom në ŋö wën tueeŋ ka wën dït ee wën ë lɔ në ye kɔ̈u **tueeŋ,** ye cïï kääc apieth cïmɛn töu yen.

6. Diɛɛr - diɛɛr

Kɔc ye adiɛɛr yup, adiɛɛrpayɔrɔt aa cïï ye **diɛɛr** në kë bï root looi në pol yic. Ayï mɛn nɔŋ raan lëu bï adiɛɛr moc piök **diɛɛr** aa cïï ke ye diir.

7. Kɔc - kɔc

Rorthii aa **kɔc** löör ku **kɔc** kɔ̈k ke ke yiic aa cï lɔ ɣööc në kä ke dhuëëŋ rɔɔk/geeu/peen.

8. Tok – tok

**Tok** mac bï yïn piny tïŋ duɔ̈k ke yïïn bï aduŋ dhie cïnnë **tok** tääu thïn ë jäp piny.

9. Man - man

Mam a **man** jam ye thel kɔ̈u, ye kën në, yen në ke ye dɔc këëk ke **man**. Ku yen në ka mɛɛn yen bën të de amat, në kë ye yen ye gam ke kɔc ye thɛɛ juëc lɔ thöl në amat yic abac ke cïn kë pieth leer kɔc tueŋ wuau.

10. Yom - yom

**Yom** acï **yom** wään cï ke köör në kät nom tuöör köth. Acï kɔc jɔl bɛr yïn lon dïït dë, bï ke bɛr weec köth ku jɔl ke lɔ duööt në luak nom.

11. Yith - yith

Ca kë ye Awan lueel piŋ? Ye Awan lueel ye dï? Aye lueel ye cï nyan du yök wään aköl ke **yith** nhial në **yith**. Akën piŋ ku ka caa gam ayadëŋ, ee lueth, Awan acïï ye jam në **yith**. Ku kë cït ye kë ye lueel ë, acïï lëu bï nyan dï kɔn looi nyan dï a rïu root.

12. Cam - cam

Duönnë ye **cam** në ciin de **cam**, acïï pieth ku yïn cïï ye cam ëya.

13. Buk - buk

Mabiëi a nɔŋ **buk**, buŋ töŋ deen de thuɔŋjäŋ nhiɛɛr në kuën. Ku ka nhiɛɛr bï alanh nɔŋ **buk** cieŋ ëya.

# THOŊ DU PEEI
Luɔɔi, wuɔ̈c de akeer ku aguieer de thuɔŋjäŋ.

14.     Bak - bak

Thiäŋ acï **bak** në **bak** de baai ka pïu acï **bak** në thiek nom në **bak** de piny.

15.     Cum - cum

Wää a nhiaar amumur de **cum,** a yen com në thaa de **cum**. Cum ee tim mit arët yic dïït ë ëya, ayen ne röt kony në kuɛɛr juëc.

16.     Yai -Yai

Kɔc wën cam **yai** acï ɣa jɔt nom guɔ nom määr ba mac thɔ̈ɔ̈c, go mac lɔ̈k **yai** në kë cïn yen raan cï nyin ber lɔ̈k tïït në yeen.

17.     Tim -Tim

Kɔkɔɔk acï këroor yup nom në **tim, tim** nyin.

18.     Ruɔŋ - ruɔŋ

Riääk acï **ruɔŋ** töŋ de thääu **ruɔŋ** në ye gëm ku ka muk kä kë në ye cin. Ka Bol acï thiäŋ thɔ̈ɔ̈r nyin tiiŋ yen **ruɔŋ** yic.

19.     Goŋ - goŋ

Mɛnh de **goŋ** a **goŋ** kɔ̈u në wiɛth.

20.  Lɔk - lɔk

**Lɔk** köu apieth a lee mïth kuany ke bö ke **lɔk** wïr yic, akuc ë të bïï yen thïn.

21.  Reu - reu

Ye mɛnh thiin muk acöm ke **reu/rou** tui a kɔɔr pïu bï ke dek në kë cï **reu** ye nök arët.

22.  Cuit - cuit

Acol ee cï weŋ duut në **cuit** go weŋ cuit yual wei ku wei ca wei Acol cin. Go Acol **cuit** në cuït dïït bäär köu cï piöu riääk arët yic dïït ë ku jiël lee γök kök raak.

## Wël nɔŋ yiic akeer yäu

1. Tök - tök

Kɔc wën räm piny në wuɔɔk ke ke cop weŋ akëër, raan **tök** në ke yiic, aluel ya cï agörök lɔ **tök** diɛɛr.

# THOŊ DU PEEI
Luɔɔi, wuɔ̈c de akeer ku aguieer de thuɔŋjäŋ.

2. Yäu - yäu

Dan **yäu** wään len në wää lok thok pathuɔ̈ɔ̈u de akɔɔr bï tuaany acï ya wëëi ke **yäu**.

3. Göök - göök

Tiɔp ee cï meth tooc bï **göök** diëi luɛɛk, go meth **göök**, lueel ye bï göök lɔ **göök** në jöt në kë cï tap ye thiɔ̈ɔ̈ŋ.

4. Yïk - yïk

Ye duyïŋ **yïk** luaŋ de Thon ë, a raan thek kä yaath arët, na kɔɔr bï cam ke ka kɔn piny miɔɔc, gem kuïn ë piny luak thok ku gem kën në në **yïk** thar. Miɔ̈c de piny ee kueer yennë lec dhuk duciëk ku piny mɛn yen ye mïïth ku kä ke pïïr bëi ku deem ke nyïn.

5. Wëër - wëër

**Wëër** acï yic dït wɔ kɔɔr bukku dɔc töc, wɔ bï dɔc pääc miäk në ŋö **wëër** paan de Mabut abï maai miäk aköl. Yen në kë bï root looi miäk ye kën në! Na yïn ya, ke wɔ bï wër dɔc kuany miäk ku ber ku ke ku dɔc ku dɛɛu lony ku jɔl ku lɔ. Ku na cukku gup lɔ miɛt, abukku rec juëc lɔ nɔ̈k ke wɔ bï rec kɔ̈k lɔ ɣaac rɔɔk/geeu/peen. Aya tak ke cïï bï yiën ya, në ŋö acïn wëu pieth lëu bïk kë ke lɔ yiën wɔ në kë cï **wëër** yen në wëëth waar yic rac.

6. Këër - këër

**Këër** ke tiim ye yïth ken ke lööny wei möi, aa ye nyok të cï deŋ **këër**. Këër ë deŋ a cath ke pieth, yen në ka ye wuɔ̈r lɔ kuëëth bei tooc ku ka lëu bï yïn bɛr bën thiääk wennë raan ye we **këër** mat të cïnnë wuɔ̈r kuëëth baai.

7. Käm - käm

Diäär ë ke **käm** rap aa ke kën **käm** tïŋ në rap yiic go kë ke kɔ̈ɔ̈m mat kë keek në rap.

8. Kɔ̈ɔ̈r - kɔ̈ɔ̈r

**Kɔ̈ɔ̈r** aa cï weŋ wään rook kë tiŋ de Mariar cam, **kɔ̈ɔ̈r** de diäär akën në muɔnyjäŋ yaath, yen në ka yen në raan cï tiŋ de raan dë kɔɔr cɔ̈l rook.

9. Biöök - biöök

Kɔc wään cï yuɔ̈p **biöök**, aa ke cï ŋɛɛr lɔ biök yic në thuɔ̈ɔ̈r nɔ̈k kë ku yaŋ kë ku cuɛt kë **biöök** wei. Na wën cïk kë ke kä kë thöl në luɔi, go kë wei lööm ku jɔl kek röt biɔ̈ɔ̈k në **biöök** dït arët yic.

10. Muɔ̈ɔ̈th - muɔ̈ɔ̈th

Në cieŋ de muɔnyjäŋ yic, nyïïr ku rörthii aa ye röt **muɔ̈ɔ̈th** të cï kek piny rɔ̈m. Ëya, muɔnyjäŋ ee pɛɛi tek yic në reu γɛɛr ku **muɔ̈ɔ̈th**.

11. Cuëëc - cuëëc

Mecuëny de töny, ee töny kor ku töny dït **cuëëc** ku ke cuëc në nyin dhie në baŋ **cuëëc** de luak aγeer.

12. Cök - cök

Kuany ye kueerë yic, **cök** yï mom duɔ̈nnë yei, ku duɔ̈nnë raan cïï ŋic biɔth **cök**.

13. Dök - dök

Bäny acï **dök** ciëën të wään cï yen lɔ thïn, në dhuɔk ciëën de yic, ke ka cï aduwän de bën yök ke cï **dök** thiöök nyin. Go ye thok biit, cïï kɔɔr bï kɔc kɔ̈k ŋuëët gup, në kë ŋic yen yeen mɛn na rëk ke dak cïï lëu bï nyin thiɔ̈ɔ̈k ke cïn raan cï lɔ̈k math në yeen. Ku ŋic aya, ŋiëc **dök** bï bäny ŋiëc dɔk anɔŋ yic bï kɔc mɛc ke riëu ku ye ke gam piɔth.

14.   Buɔ̈ɔ̈r - buɔ̈ɔ̈r

Ajïth acï mïth ke **buɔ̈ɔ̈r** piny në kät thar të thiääk ke **buɔ̈ɔ̈r**.

15.   Kuëi - kuëi

**Kuëi** a man **kuëi** bï kuëi kë bï luath, në ŋö ee nɔŋ thaa e cïnnë ye kɔn kuëi kë ë bï luath go cɔk lɔ lööny wei ke daai në **kuëi**, në kë ë kën yen kuëi kɔn tïŋ ke göp rëc bei në pïu yiic.

16.   Rök - rök

Acïn kë rac cï **rök** bï raan yïïn rɔk aganythïn ku jɔl kat ke yïïn ë puruui abï yï lɔ deeny piny, wit yïïn në **rök** yic, röŋ nɔŋ yic kä cïï pieth. Ka Deŋdït a ŋic **rök** apieth röŋ yennë ɣön de thök rɔk kɔ̈u ago läi ye cam në thök gël wei.

17.   Thiäŋ - thiäŋ

Jö acï **thiäŋ** cuɔp cök rɛɛr ku ka kën bɛr lɔ dhuɔ̈k ciëën. Bukku ŋö looi, bukku tiit ka bukku jäl? Wɔ bï dhil jäl, na tit ku ye, ke wɔ bï gääu ku tɛk dë bukku riäi lɔ yök ke cï **thiäŋ** ka bukku dääk.

18.   Thök - thök

**Thök** ke Kuaac aa ye kuac ke ŋuɔ̈ cäm yiic, na cïï Kuaac ye nom dɔc tak në kë bï looi ke thök ke kaa bï **thök** në tök tök.

# THOŊ DU PEEI

Luɔɔi, wuɔ̈c de akeer ku aguiɛɛr de thuɔŋjäŋ.

Ku na lek kë thök ke ka cïn kë bï yen wëu ke thukuul ke mïth ke cuat piny. Në ke yen ke thök kë, kek ye ke ɣaac wei ku bï yen ke wëu ke thukul lööm thïn.

19. Lɔ̈ɔ̈u - lɔ̈ɔ̈u

Tiŋ de wën kääi acï rëc **lɔ̈ɔ̈u** ku kum nom ku jiël bï thök kɔn lɔ **lɔ̈ɔ̈u** në dom nom/mom.

20. Lɔ̈ŋ - lɔ̈ŋ

Kɔc ë ke bɔ̈ ke ke cath aa cï lɔ luaŋ yaath bïk kë lɔ **lɔ̈ŋ** ëmääth ku bïk kë lɔ **lɔ̈ŋ/röök** ayadëŋ.

21. Tïïp - tïïp

Në ye ruɔ̈ɔ̈n në, ke **tïïp** abï ya diëër töŋ de diëër bïnnëke **tïïp/mëën**. Ee kë pieth arët, kukuar abï dhil lɔ daai në diëër/lɔ̈ɔ̈r de ye ruɔ̈ɔ̈n në, në ŋö anhiaar tïïp ku ka ye gam ke ye ye cɔk tak cieŋ ku pïïr thɛɛr de kuar ken. Acïï kukuar ye gam mɛn nɔŋ yen kë pieth cï yiëth ke kɔc kɔ̈k dhiɛɛt në kueer ë ŋic wɔ jɔk thïn. Ku ka cïï ye gam ëya mɛn na rëk ke **tïïp** ke kɔc ye thou bï ber mat kennë gup ke kɔc nɔŋ keek në kööl dë cimɛn ye buɔ̈k ke yiëth kɔ̈k ye lueel.

# Luɔɔi du 4

1. Bɛ̈i wël ke dhetem thɔ̈ŋ akeer keek në gäär ku ka wuɔ̈c në cɔ̈t
2. Gät akököl thiin cek yic nɔŋ yic wël thɔ̈ŋ ë gäär keek ku ka wuɔ̈c në cɔ̈t
3. Wuau wuɔ̈c de gɔɔp ku gaac
4. Tääu ë ke wël kë në wïïn ke jam yiic;
   lääk - lääk, nyooth - nyooth, lïïr - lïïr, roor - roor, coth - coth, toŋ - toŋ, rïŋ - rïŋ, jur - jur, löŋ - löŋ, liɛk - liɛk, bɔth - bɔ̈th, jim - jïm.

**THOŊ DU PEEI**

Luɔɔi, wuɔ̈c de akeer ku aguiɛɛr de thuɔŋjäŋ.

## 5. AKEER DHEU KU AKEER YÄU NË RIN KE KƆC YIIC.

Wuɔ̈c de akeer dheu ku akeer yäu në rin ke kɔc yiic, rin juëc ke kɔc aa ye ke gɔ̈t në gän thöŋ në akeer thöŋ ku ka wuɔ̈c ë cöt den ke keek. Ba wuɔ̈c de ke rin kë ŋic, e ke të cïnnë rin nɔŋ yiic akeer yäu gut mïm yen ka lëu bï yïn ye ŋic ye ŋa yen ye ŋa. Cukku bï tiac, ke wɔ bï wuɔ̈c den tïŋ në ke rin diëëŋ kë yiic:

| **Akeer dheu** | **Akeer yäu** |
|---|---|
| Ajok | Ajök |
| Aruai | Aruäi |
| Jɔk | Jɔ̈k |
| Luel | Luël |
| Nyankoor | Nyanköör |
| Ataak | Atäk/Atääk |
| Jok | Jök |
| Agok | Agök |
| Agau | Agäu |

Agaar          Agäär

Malaŋ          Maläŋ

Aŋok           Aŋök

Pajɔɔk         Pajɔ̈ɔ̈k

Pawel          Pawël

Awel           Awël

## Luɔɔi du 5

1. Bëi rin ke dhïc nyooth wuɔc de akeer dheu ku akeer yäu
2. Wuau yic thiek de awalwalla ku aluɔɔr
3. Tääu ë ke wël kë në jam yic;
    lɔk, piɔm, ayɔ̈lyɔm, ayälgäu, akɔɔr, bɔtɔ, dhiɔp, ëdhääth, guak, thuääny, thuɔ̈ɔ̈ny, mutha, arɔ̈ɔ̈k, luäär, guith, luith, luiny, luïny, kuïïny, kuiny, cuc, kuiëët, giny, ëjuenynyeny, boŋ, wany, wuith, ɣäny, path, tuaŋ, muɔɔŋ, miɛɛc, adöc, awaar, apai, ëbuth, akɔu, nyɔ̈th, gärän, tök ke mat, werek, bui, tëëŋ, rëëŋ, geny, akuilliiny, akomkudoi, akumpuuc, ëkɔllɔny, ëbollɔc, guɛɛŋ,

# THOŊ DU PEEI
Luɔɔi, wuɛ̈c de akeer ku aguiɛɛr de thuɔŋjäŋ.

ëkuïrrïïny, ëdorroony, ëcïrrïït, ëbarraat, ëberreet, ëtërrëëny, ëperreeny, ëkerreek, ëgurruuk, ëdhörrööc, ëwiitwiit, ëlaarrar, nuei, miɔ̈ny, kuurëcuɛɛi, paguurguur, pagëŋgëŋ, pathɛuthɛu, adiaany, aguäät yic, atëtuɛɛk, ŋei, kiic

Ba ye baŋ tueeŋ de athöör ë guur, ke ka ba bɛr dhuɔ̈k piny në luel, ye akeer ke thuɔŋjäŋ, nɔŋ akeer lɔɔc, akeer dheu ku akeer yäu aa thiek yiic arët yic dïït ë në thok yic. Aa ye thuɔŋjäŋ cɔk nɔŋ ye yic ku nɔŋ amit yic de të nɔŋ kɔc ye jam në yeen. Aya tak mɛn na rëk ke ke wël diëëŋ cïnnë ke luɔɔi ku wuɔ̈c de akeer dheu ku akeer yäu nyuɔɔth ë, bï yï yiën mom täk ku liep kë yï nyin ku nyuɔ̈th kë yïïn të ye thuɔŋjäŋ baŋ **thëny** root yïïn luui thïn. Ee waai yen në ke nyuth ë mom yïïn ba dom mom ku bï yï jɔl lɔ thel të nou abï jɔl lɔ ya kë du yïn ŋɛk. Të lueel ë yeen në kueer dë, ee ke lon du ba thuɔŋjäŋ ŋic, ba nhiaar ku yiëk kë nhial, piɔ̈ɔ̈c ë root në yeen ku muɔɔm/nhiaam ë në yeen. Thuɔŋjäŋ cïmɛn ŋic wɔ yeen a thuth, a dït ku ka kuɔ̈t yic arët. Ku ye kut kut yen yic ë, ee cuai de ku yic thieek de nyuɔɔth ku lueel bii man na rëk ke thuɔŋjäŋ ye thoŋ pieth ku ka bï root dhiɛl yiëk nhial cïmɛn de thok kɔ̈k ye ke göör ku yen në ke jam në piny mom.

Aŋic kɔc ye jam ku yï kë gät në thoŋ de Jiëëŋ apieth man cïnnë Jiëëŋ të töŋ cï yen thoŋ de guiɛɛr thïn ku cïn të töŋ yen jiɛɛm thïn. Në akuut ke yiic ke dhie, ke wël juëc ku alooŋ ke jam aa wuɔc. Tuïc anɔŋ mom wël ke ku alooŋ keen ke jam wääc në kä ke Boor, Nyarweŋ, Ɣɔ̈l Agaar, Rek, Kiëc, Padaaŋ ku Jiëëŋ baŋ dër ë. Ye wuɔc tɔu në jam ku gäär de thuɔŋjäŋ yic ë, ee root looi në thɛɛ kɔ̈k ke ye päny ye cil, kuät, liääp ku yiëk nhial de thiɔ̈ɔ̈k mom bii. Kë dïït yen nuën arët/apɛi në thuɔ̈ŋjäŋ yic, ee gäm ye ŋek ye gam në ke akuut ke Jiëëŋ kë yiic ke dhie, ke ke ye wël ke ku alooŋ keen ke jam kek ye thoŋ de Jiëëŋ ku kek ye yith lëu bï Jiëëŋ baŋ dër ë ke dhil mɛt thïn. Ku ka ya tak ke cïn këër töŋ de këër ke Jiëëŋ lëu bï këër kɔ̈k kë ruɔɔc apiöök yic ke kën në Jiëëŋ ëbën mat. Akut ëbën tɔu në Jiëëŋ yic anɔŋ mom kë lëu në bïï në biöŋ/döl de thuɔŋjäŋ yic. Ku ye mïth thiek yic bï ŋek bëi në ageen de röm/meeth de thok ë mom, yen në ka bï ya ril, piath, döc, yic thiek ku muɔɔm de thuɔŋjäŋ ku yen ye piëth lɔwai lëu bïnnë ye piith ku dɔp ë yeen. Aŋic ku apieth, në piny mom ke raan ëbën ee yic thiek ku moom në cieŋ de ku thoŋ de në ŋö thoŋ du peei. Na nhiaar thoŋ du ke ka ye guiir ku yïëk kë nhial, ku na ca guiir ku nhiaar ke ka ye raan dë nhiaar ayadëŋ ku riëu

# THOŊ DU PEEI
Luɔɔi, wuɔ̈c de akeer ku aguieer de thuɔŋjäŋ.

yïïn ku theek yïïn në yeen. Në ŋö na nhiaar thoŋ du ke yïn nhiaar root, ku nhiaar cieŋ du ku kuɛɛr ke pïïr ye kä ku. Thoŋ du ku cieŋ du aa ye yïn ke mom ku ka cïnnë ke yïïn ye dhäl në raan dë cï thoŋ de guiir apieth ku cï yaath. Tï de thok bï thok tï ku bï kök arët abï piŋ ku ŋic në ɣän kɔ̈k, aa ye kɔc noŋ mïm thok looi. Na cïï root guiir ku wuau piath ku loi de thok de thoŋ du, ke yee ŋa ye tak ke lëu bï ye luɔ̈i yïïn abï yï tiiŋ piɔu ku lëu yï mom?

# Biäk de rou
# Aguiɛɛr (Gɛ̈räma) de thuɔŋjäŋ

Në yic pacɔ̈k, ke thuɔŋjäŋ anɔŋ kueer ye yen luui thïn ku të cïnnë ye guiɛɛr thïn. Të ye të yen në jiɛɛm thïn në yeen ku të yen në ye gät thïn nyuɔɔth. A thiek yic arët në thok yic ëbën bï kuëny ye wël ke cök kuany ka mäny yen në ke mai kɔ̈th në wïïn ke jam yiic ku në gäär yic guiir. Bï yic ciëk, ke ka cïï ye të yen në jam ku gueel ë thuɔŋjäŋ thïn yen bï wuau ëbën ye tën në. Wɔ bï kä kɔɔr ku ke bukku ke ŋic tɔ̈u në ye biäk de athöör ë tïŋ.

## 6. TÖK KU KÄ JUËC.

Në thok yiic ke dhie, thok yen në ke jam ku gäär keek në piny mom ke ke naŋ wël ye të yen në kueen thïn nyuɔɔth. Wël ye luɔɔi de tök ku kä juëc them bïk kë ke nyuɔɔth nyïn në thok yic. Në thuɔŋjäŋ yic ke ka nɔŋ wël ye kuën ku abëër kɔ̈k ke thok nyuɔɔth nyïn cïmɛn tɔ̈u ë ke wël diëëŋ biöth kë:

## THOŊ DU PEEI

Luɔɔi, wuɔ̈e de akeer ku aguieer de thuɔŋjäŋ.

| **Tök** | **Kä juëc** |
|---|---|
| Nom/mom | Nïm/Nïïm/mïm |
| Nyin | Nyïn |
| Yïc | Yïth |
| Wum | Wum/Wuum |
| Thok | Thook/thok |
| Gëm | Gëm |
| Lëi | Lec |
| Yeth | Yëth |
| Kët | Kët |
| Kök | Kök |
| Kaam | Kɛm |
| Cin | Cin |
| Kɔu | Kɔ̈th/Kɔ̈ɔ̈th |
| Thïn | Thin |
| Yäc | Yäi |

| | |
|---|---|
| Yɔu | Yɔ̈th |
| Adany | Adɛɛny |
| Aŋuum | Aŋum |
| Ɣöi | Ɣöi |
| Aŋuem | Aŋuem |
| Juny | Juuny |
| Ɣäm | Ɣɔ̈ɔ̈m |
| Nhiaal | Nhiɔl |
| Diɛɛr | Diir |
| Kunuk | Kunuuk |
| Cök | Cök |
| Cökkɔu | Cökkɔ̈ɔ̈th |
| Cöknom | Cökniïm/miïm |
| Cökthar | Cökthäär |
| Rïu | Riëëp |
| Dhuk/dhɔ̈k/dhɔl | Dhuɔ̈k/dhäk/dhal |
| Dom | Dum |

# THOŊ DU PEEI

Luɔɔi, wuɔ̈c de akeer ku aguiɛɛr de thuɔŋjäŋ.

| | |
|---|---|
| Dak | Dëk |
| Doŋ | Duɔŋ |
| Duk | Duök |
| Dhoor | Dhor/dhoor/dhuɔɔr |
| Thɔ̈k | Thök |
| Weŋ | Ɣɔ̈k/wɛɛŋ |
| Raan | Kɔc/kac/thäi/juääc/jur |
| Tik | Diäär/diɔ̈ɔ̈r |
| Moc | Röör/mɔi |
| Monydit | Röördit/Mɔidït |
| Nya | Nyïïr |
| Bïm | Biëm |
| Dhuec | Dhueec |
| Jör | Jööt |
| Dai | Dɔɔc |
| Meth | Mïth/Miäth |
| Miëth | mïïth |

| | |
|---|---|
| Amääl | Amël |
| Beu | Buɔɔth |
| Lëi | Läi |
| Dhaŋ/tuɔɔr | Dhëŋ/toor |
| Madɔrɔt/Wädɔrɔt | Madɔrɔɔt/Wädɔrɔɔt |
| Thom | Thoom/thuɔm |
| Adeet | Adet |
| Bith | Biith |
| Tɔŋ | Tɔɔŋ |
| Aköön | Akön |
| Rɔu | Röth |
| Anyaar | Anyɛɛr |
| Miir | Miɛɛr |
| Wuïn/yuïn | wuïïn/yuïïn |
| Roor | Ruɔɔr |
| Jur | Juur/juöör |
| Wut | Wuöt/wuööt |

# THOŊ DU PEEI

Luɔɔi, wuɔ̈c de akeer ku aguieer de thuɔŋjäŋ.

| | |
|---|---|
| But | Buɔ̈r |
| Kuac | Kuëc |
| Ɣöt | Ɣöt/Ɣööt |
| Baai | Bëi |
| Raau | Rap |
| Pïu | Piɔ̈u/piäu |
| Wäl | Wal |
| Tim | Tiim |
| Kɔ̈m | Käm |
| Dit | Diɛt/diɛɛt |
| Nyuɔ̈m | Nyum |
| Tɔŋpiiny | Tɔŋpiiny |
| Akuɛm | Akuem |
| Adäŋdäŋ | Adäŋdëëŋ |
| Anyamma | Anyammɛɛm |
| Deŋ | Dëŋ |
| Luät | Luär |

| | |
|---|---|
| Kät | Këët |
| Luak | Luëk |
| Panom | Panïïm |
| Toc/täär | Tuɔi/tëër |
| Rëc | Rec |
| Abuɔi | Abuɔɔth/Abiaath |
| Thɔi | Thɔɔi |
| Agɔɔr | Agɔr |
| Wëër | Wëër |
| Waai | Wai |
| Këroor/këpiiny | Käruɔɔr/käpiiny |
| Duɔ̈t | Duut |
| Köör | Kɔ̈ɔ̈r |
| Awan | Awën |
| Miɔɔr/muɔɔr/adɔŋ | Miöör/Muöör/adɔɔŋ |
| Kuëi | Kuëëth |
| Dööt | Döt/dör |

## THOŊ DU PEEI

Luɔɔi, wuɔ̃e de akeer ku aguieer de thuɔŋjäŋ.

| | |
|---|---|
| Ajuɔɔŋ | Ajoŋ |
| Jö | Jɔ̈k |
| Piɔ̈u/puɔ̈u | Piɔ̈ɔ̈th/puɔ̈ɔ̈th |
| Rïŋ | Rïŋ |
| Kuat | Kuɛɛt |
| Pul | Puɔ̈l |
| Len | Lɛn |
| Kueer/Dhöl | Kuɛɛr/Dhɔ̈l |
| Yäär | Yɔ̈r |
| Aduɔ̈k | Aduuk |
| Aguek | Agueek |
| Löŋ | Lööŋ |
| Alath | Alëth |
| Thööc | Thöi/c |
| Töny | Töny/Tɔ̈ɔ̈ny |
| Lɔ̈ɔ̈r/bul/leŋ | Lɔ̈r/Buɔ̈l/lɛŋ |
| Buk | Buɔ̈k |

| | |
|---|---|
| Agen | Ageen |
| Adhuëŋ | Adhuëŋ |
| Acɔk | Acɔɔk |
| Alueeth | Alueth |
| Dutït | Dutïït |
| Atër | Atëët |
| Duyïk | Duyïïk |
| Guɔ̈p | Gup |
| Piny | Piny |
| Nhial | Nhiël |
| Yuɔɔm | Yom |
| Yom | Yuɔm |
| Pɛɛi | Pëi |
| Kuel | Kuɛl |
| Akɔ̈l | Aköl |
| Agëëp | Agëp |
| Apeeth | Apɛth |

# THOŊ DU PEEI

Luɔɔi, wuɔ̈e de akeer ku aguiɛɛr de thuɔŋjäŋ.

| | |
|---|---|
| Acïwäth | Acïwëëth |
| Alïk | Aliëëk |
| Agɔ̈u | Agɔ̈ɔ̈th |
| Ɣaar | Ɣɔr |
| Noon | Non |
| Wët | Wël |
| Bäny | Bäny |
| Jɔk | Jak |
| Göm | Göm |
| Root/rɔt | Röt/röth |
| Rɔ̈th | Räth |
| Gɔɔr | Gɔr |
| Göör | Gör/göör |
| Ŋɔl | Ŋöl |
| Cɔɔr | Cöör |
| Abïu | Abiëëth |
| Aduwäi | Aduwëëi |

| | |
|---|---|
| Ajïth | Ajïth |
| Agok | Aguɔ(k)/Agook |
| Agɔɔk | Agɔ/Agɔk |
| Kɔɔi | Kɔi |
| Thiäŋ | Thiɔ̈ɔ̈ŋ |
| Ŋɛɛr | Ŋeer |
| Ayɔɔk | Ayɔ/Ayɔɔk |
| Thɔny | Thany |
| Atiëp | Atïïp |
| Atilliŋ | Atilliiŋ |
| Puur | Pur |
| Yëp | Yëëp |
| Lɔ̈ɔ̈m | Lɔ̈m |
| Tiër/tiët | Tït |
| Ŋuɔ̈r | Ŋuut |
| Dau | Dɛɛu |
| Liep | Liëp |

99

## THOŊ DU PEEI

Luɔɔi, wuɔ̈e de akeer ku aguieer de thuɔŋjäŋ.

| | |
|---|---|
| Luuŋ | Luɔ̈ŋ |
| Laŋ | Laŋ/Lëŋ |
| Col | Cuɔl |
| Adhiäät | Adhiät |
| Abuth | Abuuth |
| Këi | Kei |
| Aputhnom | Aputhnïïm |
| Thääu | Thɔ̈u/thäu |
| Riɛm | Rim |
| Cuäny | Cuäny |
| Rou | Rou/ruɔu |
| Wayat | Wayɛɛt |
| Riäi | Riäth |
| Raanthi | Rörthii |
| Nyanthi | Nyïrthii |
| Marial/r | Mariët |
| Acol | Acuɔl |

| | |
|---|---|
| Ayäŋ | Ayëëŋ |
| Tuɔŋ | Toŋ |
| Agoor | Aguɔɔr |
| Aɲui | Aɲuɔ̈ɔ̈th |
| Arialbeek | Arialbeek |
| Abiɲic | Abiɲiic |
| Tuɔ̈r/tuɔ̈t | Tut |
| Deŋdeluilui | Deŋdeluiluii |
| Nyaŋ | Nyëŋ |
| Aguätnom | Aguätnïïm |
| Kuur | Kur |
| Kɛɛu | Keu/kɛɛth |
| Aciëu | Aciëëu |
| Löth | Löth |
| Mäth | Mëëth |
| Duguïïr/Maguïïr | Duguïïr/Maguïïr |
| Abac | Abɛc |

# THOŊ DU PEEI

Luɔɔi, wuɔ̈c de akeer ku aguiɛɛr de thuɔŋjäŋ.

| | |
|---|---|
| Jöŋ | Jöŋ/jööŋ |
| Abïk | Abïïk |
| Awai | Awac |
| Kuïn | Kuïïn |
| Aköu | Aköp/akööp |
| Adiɔ̈ŋ | Adiɔ̈ɔ̈ŋ |
| Awalwalla | Awalwallɛɛi |
| Dokka | Dokkaai |
| Ayɔt | Ayɔɔt |
| Abuɔ̈i | Abuɔ̈c |
| Aluɔɔr | Alor |
| Bi | Biɛɛth |
| Aŋuaat | Aŋuat |
| Kou | Kuɔɔth |
| Burɔth | Burɔɔth |
| Buliak | Buliɛɛk |
| Boyol | Boyuɔl/Boyool |

| | |
|---|---|
| Boŋbaar | Boŋbɛɛr |
| Yöl | Yɔ̈öl |
| Thëp | Thëëp |
| Aciëëc | Aciëc |
| Akiɛɛr | Akir |
| Abaar | Abar |
| Tiäm | Tiëëm |
| Marumtoc | Marumtuɔi |
| Aguɔ̈r | Agut |
| Apäth | Apäth |
| Gau | Gau |
| Dhö/dhök | Dhöök |
| Agaal | Agal |
| Arumjök | Arumjöök |
| Bath | Bëth |
| Cuɔɔr | Cor |
| Cot | Cuɔr |

## THOŊ DU PEEI

Luɔɔi, wuɔ̈c de akeer ku aguiɛɛr de thuɔŋjäŋ.

Lek — Lëk

Diŋ — Dïŋ

Tondor — Tondoor

Apiɔ̈th — Apiɔ̈ɔ̈th

Aduɛɛr — Aduer

Atuur — Atuur

Piɔk — Pia/piak

Mën — Mëën

Kau — Kɔɔu

Yen — Yën

Lony — Luɔny

Acɔ̈ɔ̈m — Acɔ̈m

Gon — Guɔn

Dhiën — Dhiän

Goŋ — Guɔŋ

Kuec — Kuɛi

Abër — Abëër

| | |
|---|---|
| Kɔmpiöta | Kɔmpiötaai |
| Abeu | Abɛɛth |
| Areu | Arëth |
| Kagura | Kaguraai |
| Arɔɔk | Arɔk |
| Lith | Lïth |
| Abäɣöu | Abäɣööu |
| Ɖuik | Ɖuië/Ɖuiɛk |
| Agör | Agöör |
| Agörɔk | Agörɔɔk |
| Anäi | Anäi |
| Dääu | Dëu |
| Tuaany/bëc | Tuanytuɛɛny/bëcb |
| Yath | Yiëth |
| Mac | Mëi/c |
| Päät | Pät |
| Mei | Mei |

## THOŊ DU PEEI

Luɔɔi, wuɔ̈c de akeer ku aguieer de thuɔŋjäŋ.

| | |
|---|---|
| Thieec | Thiei |
| Dïr | Dïr |
| Ruɔɔny | Rony |
| Biɔɔŋ | Biɔŋ |
| Biöŋ | Biöŋ |
| Aru | Aruɔ̈ɔ̈th |
| Ayiŋ | Ayiɛŋ |
| Mɔ̈u | Miäu |
| Athuääi | Athuëi/Athuäi |
| Adakrɔt | Adakröt |
| Nyancïnbiɔl | Nyïrcïnbiɔl/nyancïnbiɔɔl |
| Acuuk | Acuk |
| Aŋiic | Aŋic |
| Arörö | Aröröök |
| Gɔt | Gar/Gat |
| Yɔ̈r/ŋuëi | Yɔ̈r/ŋuëi |
| Manacol/kiɛɛth | Manacuɔl/kith |

| | |
|---|---|
| Lölöör | Lölöör |
| Aɣollooc | Aɣollooc |
| Luth | Luɔth |
| Agaany | Agɛny/Agëny |
| Ariik | Arik |
| Awälëny | Awälëëny |
| Agumut | Agumuut |
| Biöök | Biök |
| Awäc | Awëëc |
| Akeu | Akɛɛth |
| Dääuaduŋuëëk | Dääuaduŋuëëk/dëuaduŋuëëk |
| Anaibut | Anaibuɔr |
| Dɔiyɔ | Dɔiyɔɔi |
| Malualaputhic | Malualaputhiic |
| Mabiööraŋäŋ | Mabiööraŋëëŋ |
| Tiriu | Tiriiu |
| Lɔu | Lɔɔth/lɔth |

# THOŊ DU PEEI
Luɔɔi, wuɔ̈e de akeer ku aguieer de thuɔŋjäŋ.

| | |
|---|---|
| Awet | Aweet |
| Wel | Wɛl |
| Ator | Atuɔr |
| Amuɔ̈ɔ̈r | Amuɔ̈r |
| Kɛŋguruu | Kɛŋguruuth |
| Alöŋ | Alööŋ |
| Abiɔɔk | Abiɔk |
| Maguar | Maguɛɛr |
| Kooth/kubäi | Koth/kubëëi |
| Kiir | Kiɛɛr |
| Baar | Bɛɛr |
| Athoŋɔ̈l | Athoŋɔ̈ɔ̈l |
| Jaar | Jɛɛr/jëër |
| Anyɔ̈r | Anyɔ̈ɔ̈r |
| Kabok | Kabɔ/kabɔk |
| Tuëŋ | Tuëŋ |
| Acuin | Acuiin |

| | |
|---|---|
| Acuïl | Acuïl |
| Adëëp | Adëp |
| Ayiëëŋ | Ayiëŋ |
| Duluk | Duluuk |
| Dugëm/agëm | Dugëëm |
| Dupiööc | Dupiööc |
| Dulëk | Dulëëk |
| Dugëër | Dugëër |
| Dumuk | Dumuuk |
| Duguëŋ | Duguëëŋ |
| Dutïŋ/duŋëm | Dutïïŋ/duŋëëm |
| Dudhiëth/mëdhiëth | Dudhiëëth/mëdhiëëth |
| Duciëk | Duciëëk |
| Dudöör | Dudöör |
| Dudöm | Dudööm |
| Agamlöŋ | Agamlööŋ |
| Adubiök | Adubiöök |

## THOŊ DU PEEI
Luɔɔi, wuɔ̈e de akeer ku aguiɛɛr de thuɔŋjäŋ.

| | |
|---|---|
| Ajiëëm | Ajiëm |
| Turuk | Turuuk |
| Kawac/kawacja | Kawɛɛc/kawacjat |
| Adiit | Adir |
| Thuŋ | Thuɔ̈ŋ |
| Athuŋkëi | Athuŋkëëi |
| Akïm | Akïïm |
| Pal | Pal/Pɛɛl |
| Thon | Thön |
| Dëël | Dël |
| Kul | Kuɔ̈l |
| Kil | Kiɛl |
| Gueth | Guɛth |
| Akuŋuɛɛt | Akuŋueet |
| Agööt | Agör/agöt |
| Abäkök | Abäköök |
| Kacɔ | Kacɔɔk |

| | |
|---|---|
| Mapäth | Mapëëth |
| Këŋkëŋ | Këŋkëëŋ/keŋkeeŋ |
| Ayöm | Ayɔ̈m |
| Adïŋ | Adiëŋ |
| Jou | Juɔu |
| Alïïk | Alïk |
| Nyiɛth | Nyith |
| Liɛ/liɛk | Lik |
| Luɔu | Lou |
| Ajany | Ajɛny |
| Kɔr | Kɔr |
| Nyuaany | Nyuany/nyuäny |
| Koot/rɔk | Kuɔr/kuɔt/rɔɔk |
| Thuaar | Thuar |
| Liny | Liɛny |
| Thoor | Thuɔɔr |

**THOŊ DU PEEI**
Luɔɔi, wuɔ̈c de akeer ku aguicer de thuɔŋjäŋ.

## Luɔɔi du 6

1. Bëi wël ke thiëër cïï töu në ke wël töu nhial kë yiic.
2. Löm wël ke diäk në ke wël töu nhial kë yiic ku tääu ë keek në wïïn ke jam yiic.
3. Wuau akököl thiin cek yic ku them ba wët tök ku kä juëc giit cök thïn.
4. Ë Dökta Jɔɔn Gërëŋ de Mabiöör ë ye raan ë yïn dï?
5. Luel kä nhiaar keek në pïïr yic në wïn töŋ de jam yic.
6. Bëi wët ye nom aguɛɛr

# 7. WËL WUƆC.

Ke wël bukku ke tïŋ piiny ye tën në yë, aa ye wël ye kä wuɔc në thuɔ̈ŋjäŋ yic nyuɔɔth. Wël cït man töu ë pɛl ku duëëŋ, kɔm ku cäth ë cök/riny, läk ku ŋɔɔny, lɔyum ku alɔjeth, ë kuak ku ë ŋanyŋany, jiɛɛm nhial ku jiɛɛm piny, lɔ nhial ku bën piny, cok ku wet ku jɔl ya wël juëc cï kutëkut bï wɔ ke wël kɔ̈k ke kek yök ye tën në. Wël diëëŋ ke ye wël kë aa bukku ke tïŋ në ye mɛɛn.

| | |
|---|---|
| Piath | Rëëc |
| Dït | Kuur |
| Riɛr | Kɔ̈i/niööp |
| Tueŋ | Ciëën |
| Cuëc | Cam |
| Nhial | Piny |
| Kuɛth | Röi/Cɔk |
| Bääny/jak | Ŋɔ̈ɔ̈ŋ |
| Ɣɛɛr | Cuɔl |
| Moc | Tik |

# THOŊ DU PEEI
Luɔɔi, wuɔ̈c de akeer ku aguieer de thuɔŋjäŋ.

| | |
|---|---|
| Wä/dhuk/dhɔ̈k/dhɔl | Nya/duet |
| Dɔl | Dhiëëu |
| Jör | Dai/Acidhiɔp |
| Tuɔ̈c | Liɛɛr |
| Ruɛl | Adïŋ |
| Döör | Ajɔmjɔm/Tɔŋ |
| Pai/diɛny | kɛi/kɛc |
| Miɛt de piɔ̈u | Kɛc de piɔ̈u/Riääk de piɔ̈u |
| Miɛt | Piäl |
| Loi/dik/piath | Riääk |
| Tuak | Thiɛth |
| Köɔ̈c | Nyuc |
| Jɔŋpieth | Jɔŋrac |
| Wää/Baba | Maa/mama |
| Wälën | Nënër/nɔ̈rnɔ̈ɔ̈r |
| Wuwac | Malën |
| Kukuar/kuarkuaar/wää dït | Këkɔk/kɔkɔɔk/maa dït |

| | |
|---|---|
| Bäny | Aluaak |
| Dïc | Kuc |
| Ɣɛɛn/yɛɛn | Yïn |
| Ɣɔn | Ëmɛɛn |
| Jöt | Tɔ̈ɔ̈u |
| Jam | Biɛt/ëlik/mim |
| Rɔ̈m/yök | Puɔ̈k |
| Mɛc | Thiɔ̈k |
| Gäm | Jai/kuec |
| Juëc | Lïk/kä diääk |
| Miäkduur | Thëi |
| Aköl | Wakɔ̈u/makɔ̈u |
| Durdur | Nyaany |
| Wëër | Aköl |
| Diäär | Röör |
| Miɔɔr/muɔɔr | Dau |
| Nyïr | Wät |

# THOŊ DU PEEI

Luɔɔi, wuɔ̈c de akeer ku aguieer de thuɔŋjäŋ.

| | |
|---|---|
| Nyïrthii | Rörthii/rɛm |
| Lɔ | Bën/dhuk/dök ciëën |
| Duöt/dut | Däk |
| Thiäŋ | lääu/Dak de yic/Cääl |
| Tɛ̈n | Tëtui/lɔŋtui |
| Cäth | Rëër/kööc |
| Nïn | Pääc/yïn |
| Miöc/gɛm | Kook/nyäŋ/kuiiŋ/cɔɔk |
| Nhiëër | Män/tiɛɛl |
| Pïïr | Thou/riääk |
| Luɔi | Rɔndɛɛk/Däŋ de root |
| Nyooth | Thiën/muuny/kum |
| Pɛl/kööny | Bëël |
| Thon | Ɖuör/biɔc |
| Kat | Kööc |
| Riŋ | Cäth |
| Bëër | Cëk |

| | |
|---|---|
| Cuai | Nɔɔl/ŋuɛɛt/guak/riääk ë guɔ̈p |
| Ɣoou | Göök/aa |
| Dɔm/muk | Päl |
| Läk | Ɖɔɔny |
| Thöny | Thuth |
| Leer/luɛth | Wën/nyëëŋpiny |
| Yïk | Ɖäny |
| Yïknhial | Werpiny/ŋɛɛnypiny |
| Pïŋ | Miiŋ/Mïïŋ |
| Lääu | Nhiɛɛc/gook/min |
| Lëu | Thuër/göök/dhäl |
| Löny/wuïïk | Kɔ̈ɔ̈c |
| Gɛm | Lööm |
| Thɔ̈ɔ̈ny | thuɔ̈ɔ̈th |
| Nomlääu | Luɛɛk/thɛnypiny |
| Yic | Lueth |
| Jɔ̈ɔ̈t | Dhiɔɔp |

## THOŊ DU PEEI
Luɔɔi, wuɔ̈e de akeer ku aguieer de thuɔŋjäŋ.

| | |
|---|---|
| Atɔ̈/anï/anu | Aliu |
| Alëu | Athueet |
| Wuɔɔk | Week/keek |
| Mɛnhkuui | Alei |
| Toc | Rɛɛr/baai |
| Baai | Rok |
| Ɖeeny | Riɔ̈ɔ̈c |
| Ënip | Ëyop |
| Riny | Köl/dhuk yic/dol/tot/mat yic |
| Natök | Nyindhie/luɔ̈ɔ̈t/ŋuɔ̈/but |
| Yuëi | Miɔ̈ny |
| Göny | Ɖuët |
| Cök | Luɔ̈ŋ |
| Dhuëëŋ | Rëëc/Nyaap |
| Däk | Ruk/dut |
| Da | Du |
| Ɣääiyoou | Ɣeeiyoou |

| | |
|---|---|
| Yïn | Cöör |
| Thia(k) | Athiëëk/raan thiëk |
| Mɛɛth | Ɖuëën/dït |
| Määth | Ater |
| Lec | Yuur |
| Ɖuɛn | Nyɔk |
| Yic thieek | Yic liɛɛr |
| Yɔu | Köu |
| Thar | Nom |
| Abak | Ëbën |
| Bii | Thïn |
| Akɔlɔn (aköl ɣɔn) | Köölë/ëmɛnnë |
| Biɛt | ɣou/dheu |
| Guɔ̈m | Lääu/Lueel bii |
| Riëëu | Dhääl |
| Dhiëth | Tɛɛm/gäk |
| Gäk/juëc | Lïk/ëreureu/kä diääk |

**THOŊ DU PEEI**
Luɔɔi, wuɔ̈c de akeer ku aguiɛɛr de thuɔŋjäŋ.

| | |
|---|---|
| Ruäk | Jör/Jïdit |
| Anuɔ̈u | Areu |
| Göm | Kec |
| Athën | Wën |

## Luɔɔi du 7

1. Juak ë wël ke bët në ke wël tɔ̈u nhial kë yiic
2. Tääu ë wël ke dhoŋuan në ke wël tɔ̈u nhial kë yiic në wuïïn ke jam yiic.
3. Wuau wët ye cɔl ayäär.
4. Jam në wët ye cɔl guɛɛm

## 8. WËL THÖŊ

Ke wël bukku ke bɛr tïŋ ye tën në yë, aa ye wël nɔŋ wët yic thöŋ ka wël thiɔ̈k kë wëër yen në ke waar yiic arët. Thuɔŋjäŋ cïmɛn de thok kɔ̈k anɔŋ wël juëc wuɔ̈c në gäär ku cɔ̈t ku wët yic den ee tök cïmɛn tɔ̈u ë abac, pacaŋ, guɛu, ëpath, acïn ye yic ku wël kɔ̈k mat wët yic në yeen. Bï yic ciëk, ke ke wël diëëŋ tɔ̈u piiny kë, aa bï yïïn nyuɔ̈th luɔɔi de wël thöŋ ka wël thiɔ̈k ë wëër de yic den keek në thuɔŋjäŋ yic.

| | |
|---|---|
| Kueer | Dhöl |
| Jäl | Lɔ |
| Ruëët | Luɔ̈ɔ̈r |
| Wec | Coth/wuny |
| Käman | Jääl/aciëëth |
| Kɔ̈l | Adhum |
| Kuäk | Dɔm |
| Kɔɔr | Guik/wuïc/göör |
| Maa | Mama |
| Jai | Kuec/göök |

## THOŊ DU PEEI
Luɔɔi, wuɔ̈c de akeer ku aguiɛɛr de thuɔŋjäŋ.

| | |
|---|---|
| Dhiëëu | Wuɔ̈ɔ̈i/kuɔ̈ɔ̈i/awuɔɔu |
| Tïŋ | Liec/Ɖëm/liath |
| Nyoŋ | Guur |
| Män | Nyiëër |
| Wää | Baba |
| Nhiëër | Kok |
| Thät | Ciëp |
| Tëm | Ɖuɔ̈r/thïm |
| Ɣëët | Cup/Bɛ̈n/dhuk |
| Rëër | Tɔ̈/ŋoot |
| Amec yic | Abäär yic/athuth yic |
| Cäm | Mïth/luɔi |
| Tɔ̈c | Nïn |
| Jam | Luɛl/wuau/dheu/guiëër |
| Tök | Kep/dhuny |
| Thiɔk | Ënyänyäny/thok ke wum |
| Yöök | Lëk |

| | |
|---|---|
| Ŋɛɛr | Wuɔp/lääny de yic |
| Yɔu | Tai |
| Röl | Böör/kuui |
| Dhuec | Bïm/duet |
| Thiäi | Puɔk |
| Apälräk | Agɔlŋo/raanthi/riënythi |
| Biɔc | Miɔɔr/muɔɔr/adɔŋ |
| Ŋëër | Tëm |
| Ŋïc | Adöt |
| Ŋööŋ | Cɔɔk |
| Wën | Tëthiinnwën |
| Mɔi | Röör |
| Lueth | Pït |
| Cuëër | Dukuël/Ruëëmy |
| Biɔk | Bak |
| Kuɛl | Cïer |
| Cäth | Yɔu |

# THOŊ DU PEEI

Luɔɔi, wuɔ̈c de akeer ku aguiɛɛr de thuɔŋjäŋ.

| | |
|---|---|
| Dut | Ruk/kuen |
| Wum | Tom |
| Lɔ̈ŋ | Läm/Röök |
| Rok | Yɔl/Ɣɔ̈ŋ |
| Tɔŋ | Thɔ̈ɔ̈r/këëk/rɔ̈m/piɔ̈r |
| Geei | ken |
| Luɛth | Leer |
| Riëëu | Athɛɛk |
| Bil | Thiëp |
| Täu | Nï/Nu |
| Thou | Riääk/jäl ë nyin/määr ë nyin |
| Kööl dë | Wädëŋ/kööl ciëën/rial |
| Piny | Tiɔp |
| Thiëipiny | Wɛɛr/Weerwei/thiëiwei |
| Lëëth | Rɔ̈ɔ̈t |
| Agut | Aɣet |
| Liip wei | Miit wei |

| | |
|---|---|
| Tiɛɛt | Tök/tök ë rïr |
| Adhuɔɔm | Wëŋ/wën de nyin |
| Ciëc | Cup |
| Adhiac | Aŋoot/atɔu |
| Yɔŋ | Ŋet |
| Waar | Geer |
| Köör | Ajuɔɔŋ/Cuër/yɔ̈ɔ̈r/wëndiɔ̈ɔ̈r/bul |
| Nhuɔɔm/nhiaam | Lɛc |
| Arët | Ëŋoŋ/Apɛi |
| Tueŋ | Ŋɔ̈ɔ̈r |
| Leŋ | Lɔ̈ɔ̈r/bul |
| Tör | Kök/Tïc |
| Wai | Thɛth |
| Duut | Ŋuëk/Juääc/Akutnom |
| Nyindhie | Ŋuɔ̈/Ëluɔ̈ɔ̈t/akölriëëc/but/gin |
| Liep | Ŋany/pet/peny/yɔt |
| Thiök | Gur/ruɔɔk ë |

# THOŊ DU PEEI

Luɔɔi, wuɔ̈e de akeer ku aguieer de thuɔŋjäŋ.

| | |
|---|---|
| Lɔdïu | Lɔduk |
| Lɔjik | Lɔgɔk/lɔcar/lɔwic |
| Luäk | Kuny |
| Kït | Buk |
| Akiir | Täk/Kööny/guëŋ/diɛny |
| Atooc | Abuur/thɔny |
| Riŋ | Kat/thuɔ̈öny |
| Kuduaal | Määth yï/muɔ̈th/thiëc |
| Guuk | Kure |
| Miɔ̈c | Gɛm |
| Nhiany | Ŋuɔŋ/both |
| Guɛu | Pacaŋ/ëpath/abac |
| Burɔ | Aŋau/thodiit/nyanënyau |
| Deer | Jöl |
| Abɔ̈rɔ/aburo | Leŋ/gɔ̈k/muɔɔŋ |
| kueerkëc | Kueer yɔu/dhöl ŋeep |
| Lɛi/Lɛc | Dhuëëŋ |

| | |
|---|---|
| Nyok | Cil/tuɔl/goŋ |
| Dhiɛɛcwei | Kuɛɛkwei/ëliŋliŋ/ëdhiac |
| Ëŋoŋ | Arët/apɛi |
| Pïk | Jäp/thuny |
| Ruk | Dut/der |
| Bat | Gɔt/jak |
| Ruany | yök |
| Get | yalkɔ̈u |
| Bëc | Tuaany/juäi |
| Cuɔl | Muɔ̈ɔ̈th |
| Bëëc | Wɛk |
| Dɔ̈ɔ̈r | cil yic |
| Dɔ̈ɔ̈r | Mëët/ëduäny/ëduk |
| Adheer | Awëër |
| Baai | Piom/dhɔr |
| Weei | cooth |
| Thëŋ | ɣoc root |

## THOŊ DU PEEI
Luɔɔi, wuɔ̈c de akeer ku aguieer de thuɔŋjäŋ.

| | |
|---|---|
| Riïr | Ric/pot |
| Jɔk/nhialic | Yath |
| Wut | Jur |
| Aɣɔm | Awëlëny/awuöl |
| Kuur | Pil |
| Yëp | Tuɔ |
| Piny | cuau/wak |
| Athöör | Buk |
| Gɔl | Jɔk/guet |
| Lëth | Tuɔ̈c |
| Goŋ | Cil |
| Tëk | Röm |
| Yɔŋ | Gueer |
| Til | Guɛɛm |
| Göc | Göl/jök |
| Kuat | Dhiën/dhiëëth |
| Aboor | Amool |

| | |
|---|---|
| Arou/arop | Yuɔɔu |
| Piɔk/piök | Yor/yoor |
| Dinka | Jiëëŋ |
| Aguëlguël | Awëlwël |
| Kuɔ̈ɔ̈t | Mat |
| Luëëŋ | wëëc |
| Yɛɛr | Kiiu |
| Tum | Lër/lëët |
| Lɔk | Thɔɔr |
| Waak | Laak |
| Lääk | Lueeth |
| Mïm | Ɣöny |
| Thiëër | Thäi/thai |
| Adhiëëth | Bäny |
| Rëk | Pïth/nuet |
| Rïc | Pïeth |
| Agäkgäk | Aŋuëŋŋuëŋ/Awëŋwëŋ |

## THOŊ DU PEEI
Luɔɔi, wuɔ̈c de akeer ku aguieer de thuɔŋjäŋ.

| | |
|---|---|
| Gueel | Gɔɔny/lom |
| Thööŋ | Gëm/ŋeŋ |
| Dak | Aduwäi |
| Luaar | Rial |
| Bot | Col/thiök |
| Dhit | Juak/ŋuak |
| Gom | Thut |
| Thau | Ruany |
| Aluɔɔr | Abïny |
| Göök | Kuec/jai |
| Rum | pëc/lööm |
| Cieŋ | Rëër/määth |
| Dök | Mäc/mëcmëc/kuum |
| Riäi | Thurumbil |
| War | Murkuuk |
| Kadaŋ | Awai/awac |
| Acïcuii | Waat/Thoot |

| | |
|---|---|
| Aciɛɛn | Awaai |
| Thieec | Atuel |
| Tap | Tabɔ |
| Madɔrɔt | Dhaŋga |
| Guŋ | Tot/bop |
| Yop | Jɔc |
| Wuïïk | Löny |
| Ayöm | Cuï |
| Dɔ̈k | Tiɔ̈k |
| Durdur | Muɔ̈ɔ̈ŋ/rɔ̈l/ërun yic/waŋ de ciëër |
| Cäär | Gëëk/kueer de riäth |
| Biöu | Bëëŋ/nyuɛɛth |
| Pol | Thuëëc/tuk/käl/riäŋ |
| Aɲɛm | Aduek/ril de piɔ̈u |
| Bën | Guëër/mät |
| Yïïr | teŋ |
| Biök | Thur/cur |

## THOŊ DU PEEI
Luɔɔi, wuɔ̈c de akeer ku aguieer de thuɔŋjäŋ.

| | |
|---|---|
| Tïïp | Mëën/rïëëm |
| Kïïth/thïërnyiɛɛny | Buɔɔt |
| Biänabuuur | Tim/alïp |
| Piath | Dhuëëŋ |
| Juɔ | Ajuruk/köndöök |
| Juëk | Kuët/kuät/pär |
| Löth | Ajuɔɔŋ/dëër |
| Anyiɛunyiɛu | Adiɛŋdiɛŋ |
| Akutnom | Amatnom |
| Thirbiliny | Reet/barjödany yic |
| Atëënytëëny | Arëënyrëëny |
| Cööc | Cuëi |
| Akeeukeeu | Akeenkeen |
| Ëpotpot | Riëi/ëricric |
| Nuaan | Göök/dhäl |
| Luuŋ | Adiit |
| Aɣerëwuiu | Aɣerëgɔk/aɣerëwuic |

| | |
|---|---|
| Aniɛnyiëër | Aniinpiny |
| Beŋ | Yiëëk |
| Rɔk | Peen/geeu |
| Thiën | Tɔ̈ɔ̈u/kɛɛk/guɛɛn/kum/lut piny |
| Thöök | Ɣetwei |
| Dɔɔm | Teeŋ |
| Cooth | Cup/dëër/bën |
| Pëër | Tiäi |
| Rial | Keny/jäl |
| Ruɔŋ | Nyin |
| Thiɔ̈ɔ̈l | Lueel/Piɔ̈ɔ̈l |
| Acïwäth | Aciëm |
| Kuëŋ | Mël |
| Athiaan | Alurpiny |
| Gɔɔk | Thooth |
| Gööl | Keer |
| Tuil | Lueer |

# THOŊ DU PEEI

Luɔɔi, wuɔ̈c de akeer ku aguieer de thuɔŋjäŋ.

Diŋ                 Aguëër

Miäk                Wadë

Madaŋ               Kɔnkööc

Gook                Nhiɛɛc

Cuäny               Dëëp/dëëpë/tok

Coŋ                 Dum

Ruääi               Kaar

Biɛt                Mim

Ëbit                Ëlik

Ëduäny              Ëduk

Akɔlɔn              Athën


## Luɔɔi du 8

1. Mat ë wël ke dhorou në në ke wël tɔ̈u nhial kë yiic
2. Tääu ë ke wël kë në wïïn ke jam yiic, ëlik, ëwenyweny, ëwanywany, ëduuŋduuŋ, ëpathpath, ëgukguk, ëtamtam, ënärnär,

3. Ye wët ŋö thöŋ ke dhiapëdhiap?
4. Thöŋ ke wël kë ka wuɔc kë? miɔk - gueer, mɔth - dhuï/dhuc, thäth - thër, coth - räc, bi - rät, mɛk - löc, puk - cuut, thëu - dïɛu, duɔ̈r - ŋät, ëgiliŋ - ërïr.
5. Ye wël kou në ke wël kë yiic kek cïï ye wël ke thuɔŋjäŋ ku ka ye ke gueel arët në thuɔŋjäŋ yic a kaa cï ya wël ke Jiëëŋ;
pëër de lɔ̈ɔ̈r, abiith, bur, thuk, jou, ajëu, mok, kawac, koor, nuur, maräya, aköt, buk, thieec, buc, cɔ̈ɔ̈r, thään, kubäi, jiec, polith/bolith, akuaak, gɔmith/gamith, bantoloon, anyuɛɛr, kudhura, nyup, ayup, ë göl yic, maŋgo, nyanabal, aɣöth, macuruɔ̈u, cukga/thukar, rëën, ŋiɛu, agëëp, diöny, maläiya, diɛt nhial/maläikaai, aguarpiny, alïp, tïbïï, macïrcïr, makarapoon/maikoropon, kuäth, ruäth, bärät, malagɛk, kuɔ̈n, tharabeth, weka, akup, jäläpïya, amäm, loth, athap, adëëp, athitda, tiäär, duɔɔŋ, gökakɔ̈ɔ̈n, thiënger, cuɛɛi, ticu, cäär, toŋkëlok, ajuäk, beerpiny, dhurää, tuŋëthiäŋ, mathuura, tuŋ ke jö, baprɔ, marothon, magath, ëjuaraac, kubur, kumnom, pam, thoora, ayömbör, bot, bor, kamith, ɣarebaa, jïrkïth, jek, mui, Juaarbiɔŋ, Juaaralueeth, dhoor ke mariar, mëër yic, corba, ajäijäi, Bïradogor, Mabiööregöl, atɔ̈ɔ̈k, ayöör,

## THOŊ DU PEEI
Luɔɔi, wuɔ̈c de akeer ku aguieer de thuɔŋjäŋ.

ayïïyooi, jiɛi, bakänna, gii, adheer, madhɔl, thon de gau yic, matuŋcäär, abuɔɔt, tɔilet, dɔ̈kta/dïktoor, kïïm, ganuun, gɔtɔr, ayiɛl, thuk, ayäm, anyith, päät, kuur de bël, nyanriar, madhandak, anyith, atëtak, adhiääc, adiaany, ajuräi, wudhïïr, abunna, jɔny, guarjiɛɛc, bïkɔ̈ɔ̈th, jima, cummäär, adɛm, anyatheth, acïmiöör, paulaŋ

Aŋic ku, thuɔ̈ŋjäŋ adit arët/apɛi aka cï lëu bï gät piny në door tök. Ke wël ca ke tïŋ nhial kui, aa ye wël dië̈ŋ nyooth të ye tök ku kä juëc, wël wuɔ̈c ku wël thöŋ luui thïn në Thuɔ̈ŋjäŋ yic. Në ye mɛɛn ke kë bukku bɛr tïŋ në ye baŋ tɔ̈ piiny ë yic, ee kaam de wël nyooth kë cï root looi wään aköl ka thɛɛ cï lɔ, ku kë loi root ëmɛnnë ku në ye kööl ë, ku kë bï root looi miäk ku jɔl ya kë ye root ŋuɔ̈ looi. Në wët dë, ee ke kë de aköl wuɔ̈c.

# 9. KÄ KE AKÖL WUƆC

## 9.1. Kë cï lɔ:

Luɔɔi de kë cï lɔ ka kä cï tëëk në thuɔŋjäŋ yic ee bï kä cï röt looi ka kä cï wan nyuɔɔth nyïn në jam ku gäär yic. Ke wïïn ke jam biöth kë aa bï yï nyuɔ̈th të ye kë cï lɔ luui thïn.

1. Në nïn ke diäk **cï** lɔ, ke Deŋ ku Wuɔ̈l aa ke **cï** lɔ Wau bïk kë man den lɔ neem në kë ë **cï** kek naŋ kaam bäär yic ke ke kën yök në yeen.

2. Paan de Kiir aa **cï** kä thɛɛr ken ɣaac wei ku ɣɔc kë kä jöt.

3. Riän de Jɔk **acï** lɛɛr të de luɔi wään miäk.

4. Wään aköl, ke mïth ke thukul aa ke **cï** lɔ pol/riäŋ në kura

5. Maa ku wäa aa **cï** lɔ piny Ciɛɛm de Thudän (Thɔ̈ɔ̈th Thudän).

6. Nyïïr wään **cï** lɔ Juba aa cï loi looi guɔ lɔ yök

7. Na Köör kën lɔ baai athën, **ee ke** dë kën thiëŋ de dik.

8. Wuwac ku wälën aa **cï** bëi kën yïk në kaam de yï Pabarcïkök ke Wërlir.

9. Köör **acï** weŋ de Bol kɔn cam akɔlɔn (aköl ɣɔn) ku ka cï weŋ dër ë bɛr cam në **kööl wään**.

10. Dom de Bul ee **cï** wäl rum, go Bul rem de wut cɔɔl bïk kë wäl bën puöör wei dom yic.

11. **Wään aköl**, ɣɛn ë **cï** wää cɔɔl në Panyagoor kaar bukku jam wuɔnnë yeen, guɔ yök ke cï lɔ të de thiëëk.

12. Dääu **akën** Riääk lɔ yök dom yic.

13. Jɔk **acï** wëu lööm/dheen të nɔŋ Majök ku ka cïï ber kɔɔr bï ke dhuök ciëën.

14. Wënthiinnë **acï** cop në thukul yic në kë yen ŋuö thöör ke mïth ke ɣön de gäär.

15. Adit **acï** töny ku aduuk waak ku tëëu ke nhial në kät nom.

16. Kɔc ke dhie kɔc **cï** jam wään aköl në amat yic, aa ke **ci** ŋiëc jam apieth ake Mam ye tök.

17. Yee ŋö **cï** root lɔ looi, **cï** we guɔ ya lɔ dhuk? Wɔ kën raan ë lok ku tïŋ lɔ yök.

18. Kara, yee ŋö ë lɔ kɔɔr paan de wën töi dït, ë kënnë piŋ mɛn **cï** kek lɔ Rumbeek?

19. Kuany wään **cï** thök ke piom da thöl, **acï** Mabiöör nɔ̈k në kööl wään.

20. Aduuk ke Nyantiɔp aa **ci** dhiëi ke boot në tääu yic.

21. Maa **acï** lɔ Athɔ̈kpeer në kööl wään bï lɔ rɔ̈m piny ke mäth de.

22. Ÿɔ̈k ke Riääk aa **cï** dhiëth ke ke juëc në ye ruɔ̈ɔ̈n ë yic.

## 9.2. Kë de ye kööl ë/ëmɛnnë:

Luɔɔi de kë de ye kööl ë, ee bï kë loi root ë mɛn në nyuɔɔth. Lon de aba tïŋ në ke wïïn diëëŋ ke jam kë yiic.

1. Abuk a thät në jöŋ thar.

2. Kuac a buth thök në dom nom.

3. Piny a tuc arët në ye kööl ë, duɔ̈nnë ciëŋ në alanh lɔ nyin thïk.

# THOŊ DU PEEI

Luɔɔi, wuɔ̈c de akeer ku aguieer de thuɔŋjäŋ.

4. Wää a pur dom yic ku maa a kut baai yic ku ke lɔ ke liath mïth të deen de pol.

5. Aluɛɛl a rak γɔ̈k ku ke lɔ ke lɔ töny thɔ̈ɔ̈c.

6. Dut a riŋ akɔɔr bï Gërëŋ dëër.

7. Yee ŋö yïn cath arët wu lë, lɔɔr të nou?

8. Mïth ke thukul ka mïth ke paan de abun aa töu γön de gäär.

9. Nyïïr ke Aleer aa loi mïëth de thïëŋ de wënkënnë den.

10. Duthëth ka ajuɔɔŋ a thäth luak thok.

11. Makëër a yup lɔ̈ɔ̈r.

12. Na deŋ cïï tueny, ee ke dë cukku lɔ bii bukku lɔ cath ëmääth.

13. Cath ë amääth, meth a nin duɔ̈nnë bï pɔ̈ɔ̈c.

14. Maa a tet ajith köu wei në nak ku bï jal cäp.

15. Këkɔk a cieŋ paan de ye tök.

16. Tiŋ de Dääu a tem dom de ke tiŋ de wën paan de.

17. Nyanbaai a kuen athöör de Thuɔŋjäŋ në baai cil yic.

18. Adhïëëu ku nyankënnë aa lɔ thuuk bïk kë lɔ γɔɔc në kä cam kë keek.

19. Kuir ku Mayom aa pol në tökkurou në tim thar.

20. Deŋ a cam tok në luak guk.

21. Dhuɔk aa biöök dɛɛu në dom nom.

22. Biöör ku wëtmäth ke aa pol në adiɛɛr panom yic.

23. Nyïïr aa maŋ apat në adul thok.

24. Këroor a cop ariik në päny kɔu.

25. Akɔ̈ɔ̈n a riŋ a kɔɔr bï dɔc tem tooc ke piny ŋot ke kën tuɔ̈c.

26. Nyanguët a jiëëm ye mom në kë kuc yen të bï yen mïth bï mïth ke cam yök thïn.

27. Dupiööc a piööc mïth ke thukul në të ye Tuïc kä yaath ke kuany cök thïn.

28. Mïth aadhoŋ rɛp guëth piny bïk kë bel ken nyi.

29. Ajɔk a nhiaar nïn në thëimom ku ka man dɔc pääc.

30. Baai a cieŋ në ɣän kedhie.

## 9.3. Kë de miäk ka kööl dë:

Luɔɔi de kë de miäk ka kööl dë, ee bï kë bï root looi në thaa thiin bɔ̈ tueeŋ, në ye kööl tui ka miäk ka aköl juëc kɔ̈k tɔ̈u tueeŋ nyuɔɔth. Ke wël biöth kë abï yï nyuɔ̈th luɔɔi de kë ŋoot tueŋ.

1. Yɛn bï lɔ yön de gäär miäk në thaa dhoŋuan ku abak.

2. Abuk ku Adääu aa bï lɔ thuuk në kööl de diäk bïk lɔ yööc në mïth de thiëëk.

3. Deŋ abï tuɛny miäk aköl në gëŋ de akɔ̈l.

4. Ye na bï yïn gɔl në thukul?

5. Në peei bï bën ke amat abï tɔ̈u paan de Majur në pɛɛi nïn thiërrou aköl në thaa rou agut cï thaa ŋuan.

6. Maköl akën piŋ, cï bï lëk yeen man bïnnë thiëëk tɔ̈u në miäk tuï Paduur në rial yic.

7. Lɔ̈ɔ̈r abï dieer në thök de ye wik ë në Maar.

8. Wɔ bï yök në kööl dë të lëu yen root.

9. Gäk, yɛn bï gääu miäk, yɛn cïï bï dac bën të de thiëëk. Lëu root ba cɔk ŋic kɔc cï dɔc bën miäk të de yum de thiëëk.

10. Mïth ke Biöör ku man den, aa bï bën në ruɔ̈ɔ̈n bɔ̈ në pɛɛi de thiëër ku rou.

11 Kara! Lëu root ba Acol lɔ yɔ̈ɔ̈k bï bën miäk thëëi në thaa dhïc, wɔ bï nɔŋ kämaan paan de Deŋ.

12. Piny abï liɛɛr miäk aköl, akɔɔr ba root muɔ̈k alanh de wiir miäk të bï yïn lɔ bii.

13. Tiŋ de Riääk a kɔɔr wɛl ŋïr në ŋö abï dhiëth në peei bɔ̈.

14. Jɔk abï bën miäk në Thïdïnï në thaa ŋuan thëëi.

15. Nyandit ku Wuɔ̈l aa bï lɔ Thɔ̈ɔ̈th Thudän në peei de thiëër ku rou në ye ruɔ̈ɔ̈n në yic.

16. Wää ku kukuar aa bï wuwac lɔ neem të cï luɔɔi thök.

17. Yak abï riäi lɔ yɔɔc miäk aköl.

18. Piny abï naŋ adïŋ në kööl de dhïc.

19. Mïth ke nyankääi, aa bï gɔl në thukul në ruɔ̈ɔ̈n bɔ̈.

20. Na ɣa bï lääu miäk, ee ke të ca mäth dië lɔ kuɔny në luɔɔi de ɣöt.

21. Ɣɛn bï gɔl në luɔi në miäk tui.

22. Dit akɔɔr bï lɔ Kenya bï paan de lɔ tïŋ.

## 9.4. Nyindhie ka kë de akölriëëc.

Luɔɔi de kë de nyindhie ee bï kë ye root looi në luɔ̈ɔ̈t nyuɔɔth Ke wïïn diëëŋ ke jam biöth kë aa ye wïïn nyooth luɔɔi yen luui thïn.

1. Dääu ee luui arët.
2. Deŋ arir ëŋui.
3. Adök ee cil në tim köu.
4. Kuir ee ŋuɔ̈ gääu na cɔk naŋ raan leer yeen yön de gäär.
5. Maa ee luɔɔi luut acïï ye dɔc dhäär/dak.
6. But ë cäth aye yïn kë pieth yök.
7. Wuɔl a nhiaar jam.
8. Nyïïr ke Malou aa ye cath në miäk thok ëbën.
9. Mɛnh de Macɔk ee dhiëëu ŋuɔ̈ gin miäk duur.
10. Dhäk aa nhiaar pol bïk kë pol në kura në thök de wik.
11. Bol ee kɔn riŋ miäkduur ku jɔl bën lɔ të de kä keen loc keek.
12. Gërëŋ ee cool ke lɔ Pänyagoor ana cɔk ciën kë lee looi rɔɔk.
13. Deŋ a nhiaar awalwalla në cäm.

14. Majök ee guaŋ ageen ye ke ɣaac wei ku ke kɔ̈k gam abac në thaa dë.
15. Aköl ee tuɔ̈l tueeŋ ku lee cuɔl/riaar cië̈n.
16. Kä ke luɔi aa ye luɔɔi cɔk kɔ̈c yic.
17. Yïc ayen në piŋ ku thok ayen në jam ku ka yen në ke kä juëc kɔ̈k looi.
18. Nyankääi ee pääc në thaa dhïc në miäk thok ëbën ku weec baai yic.
19. "Cool në luɔɔi ee ŋiëc luɔɔi bëi"
20. Bul ee lɔ pol/riäŋ në kura në thök de wik ëbën.
21. Nyandeeŋ ee lɔ ɣön de kuën në kööl thok ëbën.
22. Bol ee yup në lɔ̈ɔ̈r arët, ana cï lɔ lɔ̈ɔ̈r ke ka ye nhiaar bï ya yen yup lɔ̈ɔ̈r.
23. Thuɔŋjäŋ ee thoŋ töŋ de thok ye ke gueel piny Ciɛɛm de Thudän.
24. Atëm ee but thuɔ̈ɔ̈ny në thëi thok ëbën.
25. Tɔɔr ku Tiɔp aa ye röt piɔ̈ɔ̈c në wïr në wut thok aköl rië̈c.
26. Deŋ ee ŋuɔ̈ kër në pɛɛi de dhïc.
27. Tuïc ee alɛi ye bën të nɔŋ yen ŋiëc tïŋ apieth.
28. Nyïïr aa nhiaar lɔ thuuk na cɔk ciën kë lek kë ɣɔɔc.
29. Aŋuï ee kä ye ke cam kɔɔr wakɔ̈u.

## THOŊ DU PEEI
Luɔɔi, wuɔ̈c de akeer ku aguieer de thuɔŋjäŋ.

30. Wälën ee ger/kuëëth në riän nhial/tiɛɛr/tayaara.

31. Në kuɛɛr juëc, ke weŋ de jɔk acïï ye nɔ̈k ke kën në kɔn caar ku kën në lam.

32. Amuɔ̈ɔ̈r ee ŋuɔ̈ γ̈öt luaak na cɔk ya të cïnnë piny deŋ.

33. Wää ee ye nom thïïr në kɔm ku reec adeet.

34. Macol ee cool ke γɔɔc buɔ̈k wei ku të yen ke lɔ bëi thïn acïn raan ŋic e.

35. Këroor ayen në kɔc juëc riɔ̈ɔ̈c.

36. Agäu ee kämaan ye bën paan de ŋiëc ruëët ku tïŋ keek apieth tiëët nyin në keek.

37. Maa ku wää aa ye ŋuɔ̈ pääc në miäk thok ëbën ku lek kë dom yic.

38. Goŋ ee gäk ke dol ye yic.

39. Ajɔk ee math arët ku ke dek në miäu ëya.

40. Mɔnyarɔu aye cɔl biaar ayadëŋ.

41. Luak ayen në γɔ̈k ku läi kɔ̈k ye mai baai tääu thïn.

42. Tït de kä yaath ee but ë lɔ luaŋ yaath bï kä yaath lɔ looi.

43. Adut a man lɔ në dhuurnom të cï piny cuɔl në kë yen ye thɔ̈ɔ̈ŋ ke käm ku kɔ̈k cïï pieth ye cath bec thok wakɔ̈u.

44. Ator (dit) ee cam ë rap arët.

45. Nyaŋ ee thɛɛ juëc arët looi ke tɔ̈u në pïu yiic ku kee toŋ ke bën dhiëëth aγeer ku kee bën thiaaŋ aγeer ëya.

46. Adääu ee ŋuɔ̈ luaar ke piny ŋot ke col bï lɔ të de ŋëɛ̈r de noon ago root dɔc lɔ wel ke aköl kën tuɔ̈c arët.

47. Biöör ee ŋuɔ̈ riɛɛr në thukul yic në miäk thok ebën në thaa dhorou bï kä kë piööc kɔn lɔ guiir.

48. Ayiëëp ee gäk ke ther tɔɔŋ ke thook.

49. Bäräc ee but ë kuën në buɔ̈k ke thuɔŋjäŋ ago ŋïny deen de thuɔŋjäŋ juak yic.

50. Deŋ de areu ee tuɛny ŋuɔ̈ gin në pɛɛi de diäk në ruɔ̈ɔ̈n thok ëbën.

## Luɔɔi du 9

1. Gät wïïn ke jam ke rou nyooth luɔɔi de kë cï wan.
2. Lam ---- keroor yök në kök yic wään aköl.
3. Gät wuïïn ke jam ke diäk nyooth luɔɔi de kë loi root/rɔt në ye mɛnnë.
4. Piny atuc arët në ye ----.
5. Nyuɔɔth ë luɔɔi de kë bï root looi në thɛɛ bɔ̈.
6. Bul a lui në ye köölë ku ka --- ke – luui ----.
7. Nyuɔɔth ë luɔɔi de kë de akölriëëc.
8. Ye lɔ ɣön de gäär në ------ ka ye puɔ̈ɔ̈c yic.
9. Wää --- lɔ China ë määth (a) acï (e) ee (i) a (o) abï

10. Kuur -- baŋ töŋ de piny (a) acï ya (e) ee ya (i) abï (o) aye

11. Ayɔɔk --- thiaan në noon yic, go yic ril në köör (a) abï (e) a (i) ee cï (o) ee

12. "Agɔɔk -- lën rac ke cuëër."

13. Aŋuï --- thök ke Dëu dhuöŋ bei luaak (a) acï (e) abï (i) ee (o) a

14. Yee gät apieth? Ee kë de (a) ye köölë (e) wään (i) miäk (o) akölriëëc

15. Ba yaa bën wu dï ku yïn cïëŋ të mec? Ee kë de (a) akölriëëc (e) ye mɛnnë (i) miäk (o) wään.

16. Yee ŋö, yen ye piath de mät? Ee kë (a) wään (e) acïn nom wut (i) akölriëëc (o) ëmɛnnë ku miäk.

17. Bäny --- coŋëcoŋ ke ɣɛɛn arët, aɣɛn kɔɔr ba dɔc lɔ.

18. Dukët – gut thom ku ka lɔ ke kët.

19. --- lueel ya ca jɔt piom wään töu yïn thïn ku ca lɔ ɣap në piom thok të lɔ lök.

20. Anaibut ee tim. Yee yic ka ye lueth.

# 10. ALUUI/BËËP

Kä bukku ke tïŋ ye tënnë, aa ye wël ye luɔɔi ka kä ye ke looi nyuɔɔth cïmɛn tɔu ë jam, cäth, täk ku wël juëc kɔ̈k tɔu në ye akut ë yic. Ke wël dïëëŋ tɔu piiny ye tënnë yë, aa bï wɔ nyuɔ̈th luɔɔi den. Aa ba ke tääu në wïïn ke jam yiic ayadëŋ ago yic kɔ̈c të nɔŋ dukuëën. Aa bukku ke tïŋ;

| | |
|---|---|
| Jam | Pïŋ |
| Kuën | Gäär |
| Kat | Cäth |
| Nyuc | Jɔt root/rɔt |
| Dëk | Cäm |
| Nïn | Piny/cau |
| Thät | Luɔi |
| Daai | Nëm |
| Gëër | Wëc |
| Tïït ë nyin | Nhiëër |

# THOŊ DU PEEI
Luɔɔi, wuëc de akeer ku aguieer de thuɔŋjäŋ.

## Tɔu den në jam yic.

Në miäk tök, ke duŋör de thukul ee cï mïth ke γön de gäär kuɔ̈ɔ̈t nïm bï **jam** ke keek. Go kë bën ku nyuuc kë piiny bïk **piŋ** yeŋö ë cöl ë dupiöny tueeŋ ka bäny de γön de gäär keek. Na wën cï kë bën ke dhie, go bäny de γön de gäär ke gɔl në jiëëm lueel, ye mïth ke thukul/paan de abun, ruɔ̈ɔ̈n acï thiɔ̈k bi thök. Yen akaar bak kë **kuën** duɔ̈n cɔk dït nyin ku päl kë **cäth** kuɔ̈t/kith yic. Thɛm kë ëya bak kë kueer ye we gët thïn cök piny ku juak kë yic. Në ŋö na lɔ thëm dïït de thök ruɔ̈ɔ̈n bïnnë thukuul mat nïïm ke dhie bën ke we bï ŋïc luui. Në ye thaa në, ke we bï dupiööc kën kë ke kɔn tïŋ tïŋ ku lööŋ jöt wuɔ̈c në lööŋ ke thukul duɔ̈n. Na yöök kë yïn në ye kööl ë ya **jɔt root/rɔt** ku lɔr **nyuc** të tui ke loi cïman cïnnë ye lëk yïïn. Yïn bï nyuɔ̈th të de **dëk** në ye thaa në, ana ca yal ke bï yïn pïu lɔ lööm thïn. Ee löŋ, acïn raan ye puɔl bï lɔ γön de thëm ke muk **cäm**, yïn ye jɔl bën cam të cï yïn thök.

Në ye cök, ke ka ŋiɛc kë apieth, ye thëm bɔ̈ ë yen në ka bï we lɛɛr γön de dhorou. Kë kaar ba lueel në ye kën në yic, ee bak kë **luɔɔi** duɔ̈n dhiit yic bak luui arët aguɔ kë tiam. Ku na kaar kë bak kë tiam ke ka kɔɔr bak kë ya **nin** apieth, bak ya cam

apieth, bak ya **cath** ku ya kë **kat** në nyindhie ku päl kë **daai**
në Tïbïï ku pol de kura në thɛɛ cïï ye kä ken. Them kë bak kë
**nyin tïït** në röt, na nɔŋ raan nɔŋ kë kuc ku ka ŋic mënh ë ke
cïï guɔp riɔ̈ɔ̈c bï thiëëc. Ya kë röt nyuɔ̈ɔ̈th yen në ka bï we ŋïc
luui në ye thaa në. Në kee pëi diëëŋ cï döŋ kë yiic, ke them kë
bak kë bën ɣön de gäär **nhiaar**. Them kë bak kë **nëm** dïït ye
we mëëth kuɔ̈ɔ̈n cïï tɔu paan de abun neem tek yic. Aa cï döŋ
apëi diääk ku bak kë guɔ lääu.

Në thök de, ke ka kaar bak kë ŋic ëya, aŋoot nïn ke ŋuan wei,
nïn bï we ke lɔ nyuc, ke ye thukul kën në abï thiɔ̈ɔ̈k thok.
Yeen a nhiaar bak kë ɣän kuɔ̈ɔ̈n ke tɔc ku ɣöt ke **gäär weec**
yiic agut cï ɣön de **thär/thät**. Akɔɔr bak kë ya nyooth pieth të
nɔŋ wëtmäth kuɔ̈ɔ̈n kuany we cök. Në ye kööl bï we lɔ në
thukul bï we lɔ nyuc ë yic, ke them kë bak kë dɔc pääc ku
**piɛny/cau** kë ku guiɛɛr kë kä kuɔ̈n ke dhie. Na cak kë thök, ke
we lak kë të de tiët de riäi ku dugëër abï we yök ëtëën ku ka bï
we **gɛɛr** në thukul bï we lɔ nyuc thïn yic.

Ke ɣɛɛn ye dupiöny dïït duɔ̈n, ke ka nhiaar bak kë luui apieth
we dhie. Ee kë pieth ku le yum ba ya duŋɔr de thukul duɔ̈n,
ɣɛn mit piɔ̈u arët të nɔŋ week we dhie ku yen ye cɔ̈ɔ̈k de
dupiɔ̈ɔ̈c kuɔ̈n ke dhie, aa mit piɔ̈th arët yic dïïtë të nɔŋ week.
Ku ka kɔɔr kë ku nhiaar kë arët yic ëya bïk kë we tïŋ ke we cil

ku dïït kë apieth në pïïr yic ku në köör duɔ̈ɔ̈n de ŋïc yic. Në ŋö wadë de baai ee tɔ̈u në guiëër cï pïëth tɔ̈u tueeŋ pïëth ka riëc bɔ̈ në ye cök guiɛɛr thïn ku piööc cï yen ke piɔ̈c kä thiek yiic ke cieŋ ku pïïr de baai. Aya gam ke wɔ ye dupiööc kuɔ̈n, ke wɔ cï lon da looi. We cukku ke nyuɔ̈th ku piöc ku we kä thiek yiic kaar kë keek në ye cök tueeŋ duɔ̈ɔ̈n de köör de ŋïc ë yic. Yeen aya gam, we bï tiëm apieth we dhie ku we bï lɔ ɣön de dhorou we dhie, ku na cak kë lɔ lɔ dhöl de dhorou miäk, ke we duɔ̈k kë nïm mär në ye thukul kën në ku mïthakäcku ɔ̈ɔ̈n tɔ̈u thïn ya kë ke tak. A kaar bak kë lɔ ya dulëëk pieth, bak kë rin ke ye thukul kën në lɔ luɛɛl bii apieth të nɔŋ kɔc kɔ̈k. We kaar keek bak kë tiëm we dhie. We ca leec.

(Akököl kën në, ee cak bïnnë luɔɔi de ke wël tɔ̈u akököl yic ë nyuɔɔth).

## Luɔɔi du 10

1. Tääu ë ke wël kë në wïïn ke jam yiic;
dɔl, guɔ̈m, dhiëëu, döm, wec, koth, wëëi, bom, tïŋ, liɔ̈k, nuëi/nuai, dhoŋ, dhuk, tek, yaŋ, kum, löm, lok, kuec, der, ɣɔk, ɣok, mim, nyoŋ, nyoth, jak, kut, kɔɔr, puur, thieth, dök, mam/nuan, keŋ, deŋ (deŋ de noon), nai, buth

2. Ye wët nou cïï ye yic në kë wël kë yiic. (a) tɔk (e) tök (i) köör (o) tok

3. Kuany wët ye yic në ke wël kë yiic (a) Atëmyath (e) riaath (i) mit (o) wur-alänydeŋ

4. Thuɔŋbjäŋacïï ye tök awuɔ̈c në tuŋ ke Jiëëŋ thook ke dhie. Ye yic ka ye lueth.

# THOŊ DU PEEI

Luɔɔi, wuɔ̈e de akeer ku aguieer de thuɔŋjäŋ.

## 11. AWUËU /AJƐKTIP

Wël bukku ke tïŋ ye tënnë, aa ye wël ye täu tɔ̈u ë wël ku kä ye looi guiir ku nyooth kë yic thiek den, rëëc den, pial de yic den, pieth den, dït den, loi de thok den ku jɔl ya wël juëc kɔ̈k ye luɔɔi de ke wël kë nyuɔɔth. Ke wël kë, aa ye cuai ku loi de thok de thuɔŋjäŋ wuau, nyooth kë ku lueel kë bii. Wël dïëëŋ ke ke wël kë abukku ke tïŋ në wïïn ke jam yiic piiny ye tënnë.

1. "Riääk ee ɣön de raan **ëbën** tɔɔŋ thok."
2. Mäth dië a cï tiŋ **pieth** tiŋ nɔŋ piɔ̈u thiaak.
3. Deŋ a **bäär** ku ka **ril** ayadëŋ.
4. Nyïïr ke Dut aa nhiaar dïëër de lɔ̈ɔ̈r ku ka rïu röt **arët** ëya.
5. 'Kööl **tök** awär pɛɛi.'
6. Bol a ɣëëc duɔ̈t **dïït** de noon **thiek ë dot**.
7. Wɔ ë ke kɔɔr piny në raan bï wɔ kony go ku **adhuëŋ** de raan lɔ yök në baai **baŋ** ë.
8. Gërëŋ ee cï lɔ rɔɔk bï lɔ ɣɔɔc në ɣɔ̈k, go weŋ **dïït** cï **dhiɔp** lɔ ɣɔɔc.
9. Acol a **koor** guɔ̈p ku ka lɔ **török**.

10. Majök ee raan **töŋ** de kɔc nhiaar riɛɛl wei në **nyindhie/akölköl**.
11. Majɔk a man waak, ee waak **naa rou** në wik yic.
12. Nyan **thiin** ë akën ber bën lɔ panëër den në kööl wään.
13. Kɔc **rac** aa cïï piɔ̈th ye **miɛt** të looi ë kä **pieth**.
14. Mayen a ceŋ alanh **ɣer** në ye kɔ̈u ku ajɔn **col** në ye nom.
15. Kɔc nhiaar röt ku rïu kë röt, aa ye rëër ë **duk** duɔ̈k ke ke bï kɔc **kɔ̈k** lɔ gɔɔt.
16. Raan **cek** ee root cuɛɛc nhial ago kä **mec** tïŋ.
17. Biöör acï **yuaath** kuɔ̈l ku ka ŋot ke ye cath **amääth**.
18. Tuïc në Jɔŋkulei aman anyiɛunyiɛu ku adiɛŋdiɛŋ de të **thiɔ̈k** ka atëttet de akeu mom.
19. Bäny ye **ŋiëc** luk ku ye kɔc tïŋ **apieth** aye nhiaar ku rïu ë në kɔc **juëc** mec keek.
20. Paan **ŋïc** ë cieŋ thïn ayen në pïïr cath ë **warwar** ke cïn raan niin piɔ̈u në raan **dë** guɔ̈p.
21. Maa a ceŋ alanh lɔ **nyuaknyuak** ku wää a ceŋ alanh **thith** ë **dölöŋ**.
22. Lual aye wun **ŋuɔ̈** jääm bï tɛɛi **bɛɛŋ** puɔ̈l ku bï root yïën thɛɛ bï yen ke ya kuen, ago luui **apieth** dhöl de **bët**.
23. Mom lääu acïï ye yök **abac**, aye luɔ̈ɔ̈i ku gum ë.

# THOŊ DU PEEI
Luɔɔi, wuɔ̈e de akeer ku aguieer de thuɔŋjäŋ.

24. Riɔ̈ɔ̈c de piɔ̈u ee yï cɔk pɛɛc kɔc **niɔp kɔ̈k,** kɔc cïï lëu bïk kë yï pɛɛc të kën yïn riɔ̈ɔ̈c në keek.

25. Kök acï ŋɛɛny aka cïn raan ye ber tïŋ, alɔ nyin **piithith** bii.

26. Deŋ acï jɔt në kë **dïït** lɔ **lïïthïth**.

27. Dɛɛu cï **ŋuëën** aa ye nyuäth në wal.

28. Wää acï lɔ lok thok pathuɔ̈ɔ̈u de në dan **yäu**.

29. Agäu anhiaar alanh cï waak në kïn **tɔ̈c** ku kë **maketh**.

30. Jɔk a nɔŋ thok lei **thii kor** köth lɔ **goŋŋoŋ**.

31. Nyankääi a man cäm de kuïn **tuc**, ee kuïn de kɔn cɔk koth ku bï jal cam.

32. Thiök awëër nyin aka, wiir acï bën ë **loulou** ku ka cïï pieth ke meth.

33. Wën de wuwac ee **piac** thiëëk në nïn **dïëëŋ** cï lɔ.

34. Agöth a man rëër ɣön cïn yic mac në kë ye piny **cuɔl** ë **cut** ku lee **lïŋlïŋ**.

35. Baak a nɔŋ guöp riëëu **ëŋoŋ**, ana ciɛth ë ke cath ë **kuëënykuëëny** ku ke kɔc thiëëc ke cï ye piɔ̈u **liɛɛr piny** ku jiɛɛm ke cï root **duäny piny apieth**.

36. Bol a kuc jam yen në jam në akutmom yic, ana jiɛɛm ke jam de ee kɔc **juëc** riɔ̈ɔ̈k piɔ̈th ku cɔk ke **kec** piɔ̈th në ye guɔ̈p.

37. Akon a cieŋ tuŋ de aköön ɣer ë **tam thoi** köu.
38. Ɣɛn ë cï riööc wën tueny ë deŋ, në ŋö aye wuil ë **bërët** ku reel ë **gaigai** në rel ye kɔc duɔ̈r ɣeer yïth.
39. Mïth aa nhiaar cäm de kä **pac** thook.
40. Wää a nhiaar awalwalla cï diöŋ në cɛ **wac**.
41. Gɔ̈c yennëke kɔn bën **tueeŋ** ku jɔl raan **gëëk** kë lɔ̈k bën në ye cök **ciëën**.
42. Maköör ee **cuëc** ku ke gät në ciin de **cam**.
43. Köör a nɔŋ guɔ̈p pol **ŋïr arët** pol ye yen läi ŋïïr mïïm ku riir ke mïïm.
44. Ye yic ber bëër, duönnë ye cool në jiɛɛm nhial ë **ɣamɣam** ye kɔc ber lieec nyïn.
45. Döör ayennë ceŋ ë **duk** ku ka yen në röt neem ku cɔk pïïr **kɔ̈c yic**.
46. Ajɔ̈k alɔ lec **ŋuammam** ku ka lɔ mom **ŋuakkak**.
47. Ye tim cï cil në dom mom **tui** acï cil ë **looccoc** aka cïn atïm **pieth** ye bëi.
48. Köör ee jam ë **diiŋdiiŋ** ku ka nhiaar dhiɛɛu wei.
49. Ye wën kën në, ee jam ë **guëlguël**, acïï lëu bï yïn yic yök të nɔŋ yeen.
50. Ye mony cï nyuc në pɔrɔ thok **tui**, alɔ wum **tuärrät** ku ka lɔ nyin **bunybuny**. Ku ka cï diɔɔi kuɔ̈l ëya, alɔ kuɔ̈l

# THOŊ DU PEEI
Luɔɔi, wuëc de akeer ku aguieer de thuɔŋjäŋ.

diɔkkɔk, ku ka lɔ aŋuem **thueenynyeny** ku köu ë **dänynyäny**.

51. Macɔk ee nëk cɔk aka ye tïŋ ke wiër nyin ë **wïrwïr**.
52. Ye mɛnh ë akën dhil cam, yeeŋö yen yic lɔ **rɔɔtrɔɔt/kat** në ya.
53. Raan kën ye guöp guiir **apieth** ee lɔ **nyuätnyuät**.
54. Yee ŋö ye yïn gäk ke yï jam ë **ɣarɣar** cï määr de deŋ? Ye yï rör duäny piny **ëmääth**.
55. Mawää (mɛnh wää) ye wɔ ber tïŋ **tei**, kɔc ku ka bï yiën ya kä luɛɛŋ wei **ëmääth** ke ke däk kë ke yï mom.
56. Nyan de luɔi acï wɔ thär/thät kuïn lɔ köu **withwith** cï mom thiäŋ në pïu.
57. Yaa ŋö cï yïn ya daai ë **bäibäi** wu lë yee ŋö loi root?
58. "Acïï ye riöŋ ber ë luɔi (jam lɔ) **aloonyloony**, aloonyloony de mɔi juör de cuën de yɔu."
59. Kööt abö ke cï ye cök **lɔɔc arët**, a **dëmëdëm**, akɔɔr bï **dɔc** lɔ atiëp yic bï lɔ nyuc në kë cï aköl ye dëër guöp.
60. Köm acï dhäär në dhäär **dït ëŋoŋ**, aka cïï root lëu në jöt, alɔ **räcräc** piiny.

Ke wël kë, aa ye wël kök ye luui cïmɛn de ke wël diëëŋ cukku ke tïŋ në wïïn ke jam yiic nhial kui. Wël juëc ke kek, aa ye ke beer yiic cïmɛn tɔ̈u ë **athoocthooc** ku **adhuuthdhuuth** bïk kë piath, rëëc, dït, kuur, täu ku kä ye ke looi cïmɛn de jam, cäth, kɔ̈ɔ̈c, dïëër, cäm, dɔl, daai ku kä juëc ye ke looi nyuɔɔth ku wuau kë keek. Wël kɔ̈k ke kek aa yen në ke akeer ke thök den dhuɔ̈k piny cïmɛn tɔ̈ ë ë **wunynyuny** ku ë **muuccuc**. Dë thiek yic kɔɔr ba ŋic në të yen në ke wël kë luui thïn në thuɔŋjäŋ yic, aa ye wël thii ye kɔn bën tueeŋ në ke mïm cïmɛn tɔ̈u ë **lɔ, ë, e** ku **a**. Wël dïëëŋ ke Kek abukku ke tïŋ piiny ye tënnë;

Thuäŋthuäŋ    Awäŋwäŋ

Aɣɛŋɣɛŋ       Atemtem

Agöugöu       Atöŋtöŋ

Aduuŋduuŋ     Ë bithbith

Ariamriam     Ë linyliny

Ë bëubëu      Ë mäthmäth

Ë kuaankuaan  Ë bepbep/ë beepbeep

Ë miirmiir    Ë waŋwaŋ

Ë diäŋdiäŋ    Ë biilbiil

Ë ruëërruëër  Ë rootroot

Ë liaapliaap  Ë liäpliäp

Ë wenyweny    Ë liipliip

Ë ruuruu      Ë dɔɔkdɔɔk

# THOŊ DU PEEI

Luɔɔi, wuɔ̈e de akeer ku aguieer de thuɔŋjäŋ.

Ë mëërmëër

Ë mëëŋmëëŋ

Ë deerdeer

Ë deeudeeu

Ë dooŋdooŋ

Ë jerjer

Ë jacjac

Ë jöŋjöŋ

Ë jïkjïk

Ë pathpath

Ë putput

Ë potpot

Ë ŋunŋun/ŋuunŋuun

Ë ŋuämŋuäm

Ë kopkop

Ë karkar

Ë kakkak

Ë kɔrkɔr

Ë kaukau

Ë kaŋkaŋ

Ë keŋkeŋ

Ë kupkup

Ë märmär

Ë maŋmaŋ

Ë dieeudieeu

Ë lïclïïc

Ë jokjok

Ë jethjeth

Ë jäijäi

Ë jakjak

Ë döördöör

Ë purpur

Ë pörpör

Ë piɔthpiɔth

Ë ŋöpŋöp

Ë ŋäpŋäp

Ë kurkur

Ë kerker/keerkeer

Ë kɛrkɛr

Ë kömköm

Ë käpkäp

Ë kärkär

Ë kirkir

Kiitkiit

Ë kötköt

Ë kɔkkɔk

Köötkööt

Ë kuaŋkuaŋ

Ë ɣerɣer

Ë yiryir

Ë yolyol

Ë yakyak

Ë yemyem

Ë yikyik

Ë yoryor

Ë koonkoon

Ë ŋomŋom

Ë ɣekɣek

E ŋïŋï

Ë cuetcuet

Ë cuoucuou

Ë ciccic

Ë cïrcïr

Ë cuarcuar

Ë laklak

Ë laplap

Ë kätkät

Ë kötköt

Ë kuɔmkuɔm

Ë koŋkoŋ

Ë ɣömɣöm

Ë yïryïr

Ë yälyäl

Ë yäkyäk

Ë yomyom

Ë yɔryɔr

Ë yötyöt

Ë köölkööl

Ë ɣetɣet

Ë ɣeŋɣeŋ

Ë ŋoiŋoi

Ë cɔrcɔr

Ë cuaŋcuaŋ

Ë citcit

Ë curcur

Ë caaŋcaaŋ

Ë läkläk

Ë löplöp

# THOŊ DU PEEI

Luɔɔi, wuɔ̈e de akeer ku aguieer de thuɔŋjäŋ.

Ë laŋlaŋ

Ë lëŋlëŋ/lëëŋlëëŋ

Ë leklek

Ë lirlir

Ë lorlor

Ë luŋluŋ

Ë nuetnuet

Ë rakrak

Ë ŋerŋer

Ë riäärriäär

Ë reureu

Ë ruekruek

Ë röötrööt

Ë riirriir

Ë ritrit

Ë riapriap

Ë rumërum

Ë rɔɔtrɔɔt

Ë rämräm

Ë thäkthäk

Ë jurjur

Ë juëtjuët

Ë lɛŋlɛŋ

Ë lerler

Ë lɔklɔk

Ë liplip/ëliipliip

Ë loklok/ëlooklook

Ë looŋlooŋ

Ë räŋräŋ

Ë riŋriŋ

Ë rɔɔkrɔɔk

Ë riaauriaau

Ë raurau

Ë ruëëuruëëu

Ë ruäŋruäŋ

Ë rïrrïr/rïïrrïïr

Ë riämriäm

Ë ruprup

Ë ruŋruŋ

Ë röötrööt

Ë biɔkbiɔk

Ë borbor

Ë liklik

Ë γölγöl

Ë ɣömɣöm
Ë gurgur
Ë gutgut
Ë guärguär
Ë guakguak
Ë gualgual
Ë gigi
Ë göigöi
Ë göigöi
Ë görgör
Ë gaŋgaŋ
Ë gueŋgueŋ
Ë wetwet
Ë werwer
Ë warwar
Ë welwel
Ë wälwäl
Ë wätwät
Ë bätbät
Ë bubu
Ë bäkbäk
Ë buthbuth

Ë gäugäu
Ë gukguk
Ë guätguät
Ë gärgär
Ë guäkguäk
Ë gïngïn
Ë giugiu
Ë gokgok
Ë gïïtgïït
Ë gaalgaal
Ë geŋgeŋ
Ë gätgät
Ë wëtwët
Ë wëërwëër
Ë wärwär
Ë wëlwël
Ë watwat
Ë dëudëu
Ë botbot
Ë boubou
Ë belbel
Ë bïnybïny

## THOŊ DU PEEI

Luɔɔi, wuɔ̈ɛ de akeer ku aguiɛɛr de thuɔŋjäŋ.

Ë biörbiör

Ë tautau

Ë toktok

Ë tottot

Ë tuuktuuk

Ë tamtam

Ë tenyteny/teenyteeny

Ë tuultuul

Ë tɔttɔt

Ë tektek

Ë roŋroŋ

E dhïrdhïr/dhïïrdhïïr

Ë thɛɛŋthɛɛŋ

Ë nyiëëŋnyiëëŋ

Ë looklook/loklok

Ë thipthip

Ë liauliau

Ë deŋdeŋ

Ë petpet

Ë burbur

Ë löulöu

Ë tortor

Ë bokbok/acï bokbok

Ë tuptup

Ë törtör

Ë turtur

Ë taartaar

Ë temtem

Ë tëënytëëny

Ë töltöl

Ë teŋteŋ

Ë töŋtöŋ

Ë dhiapdhiap

Ë dhuaakdhuaak

Ë thuuththuuth

Ë juäthjuäth

Ë thomthom

Ë tïptïp

Ë läuläu

Ë rökrök

Ë pëtpët

Ë donydony

Ë toitoi

Ë tɔɔrtɔɔr

Ë tiettiet
Ë nyimnyim
Ë mothmoth
Ë nyomnyom
Ë nyirnyir
Ë nyithnyith
Ë nyɔpnyɔp
Ë dhuutdhuut
Ë yuutyuut
Ë motmot
Abuïbuï
Ë kuiinkuiin
Ë gɔtgɔt
Ë thiinthiin
Ë pacpac
Ë betbet
Ë petpet
Ë dheudheu
Ë kuackuac
Ë gaigai
Ë ŋeuŋeu
Ë wumwum

Ë nhiemnhiem
Ë nyiunyiu/anyiɛunyiɛu
Ë nyamnyam
Ë nyärnyär
Ë nyaŋnyaŋ
Ë nyoknyok
Ë nyonnyon
Ë yetyet
Ë yɔtyɔt
Ë mummum
Ë döldööl
Ë nyälnyäl
Ë nyɔŋnyɔŋ
Ë thoŋthoŋ
Ë pirpir
Ë metmet
Ë rëtrët
Ë doudou
Ë birbir
Ë thuɛɛŋthuɛɛŋ
Ë ŋanyŋany
Ë dïkdïk

# THOŊ DU PEEI

Luɔɔi, wuɔ̈c de akeer ku aguiɛɛr de thuɔŋjäŋ.

Ë thïtthït

Ë ɣätɣät

Ë ɣɔthɣɔth

Ë ɣöuɣöu

Ë gorgor

Ë diɔpdiɔp

Ë dëpdëp

Ë juŋjuŋ

Ë peupeu

Ë dumdum

Ë dordor

Ë didii

Ë liklik

Ë lëëulëëu

Ë nyieethnyieeth

Ë ŋaŋŋaŋ

Ë kanykany

Ë yiɛuyiɛu

Ë wenynyeny

Ë ɣonynyony

Ë boppop

Ë bammam

Ë ɣärɣär

Ë ɣäthɣäth

Ë ɣäuɣäu

Ë goongoon

Ë bitbit

Ë diööpdiööp

Ë duäcduäc/dɔ̈cdɔ̈c

Ë jïpjïp

Ë piöupiöu

Ë berber

Ë lïŋlïŋ

Ë diudiu

Ë punypuny

Ë leuleu

Ë ŋuëŋŋuëŋ

Ë ŋuiinŋuiin

Ë tiaktiak

Ë neeineei

Ë wäkkäk

Ë ɣenynyeny

Ë bunynyuny

Ë bappap

Ë buththuth
Ë bɔttɔt
Ë boŋŋoŋ
Ë yaththath
Ë yokkok
Ë yuäkkäk
Ë yerre
Ë mämmäm
Ë muuththuth
Ë miŋŋiŋ
Ë pattat
Ë päiyäi
Ë gömmöm
Ë guäkkäk
Ë gaŋŋaŋ
Ë juäŋŋaŋ
Ë jouɣou
Ë durru
Ë gummum
Ë dëuɣëu
Ë tirrir
Ë welleny

Ë boththoth
Ë baŋŋaŋ
Ë bïŋŋïŋ
Ë yarra
Ë yukkuk
Ë moŋŋoŋ
Ë mommom
Ë miiththith
Ë moothoth
Ë mïŋŋïŋ
Ë pammam
Ë ruäkkäk
Ë guakkak
Ë goŋŋoŋ
Ë jɔɔŋŋɔŋ
Ë juäŋŋäŋ
Ë duäkkäk
Ë gukkuk
Ë deuɣeu
Ë tïrrïr
Ë dhiänynyäny
Ë dhieppep

# THOŊ DU PEEI

Luɔɔi, wuɔ̈c de akeer ku aguieer de thuɔŋjäŋ.

Ë beellel
Ë dëkkëk
Ë ɣärrär
Ë ɣäŋŋäŋ
Ë ɣänynyäny
Ë ɣöŋŋöŋ
Ë ŋuëttët
Ë dueeiye
Ë cunynyuny
Ë gärrär
Ë penynyeny
Ë nyämmäm
Ë jerrer
Ë bëppëp
Ë torroŋ
Ë tuïyuï
Ë taŋŋaŋ
Ë nyänyäny
Ë gekkek
Ë dökkök
Ë ɣoŋŋoŋ
Ë jarrar

Ë dhiäppäp
Ë dorro
Ë ɣaŋŋaŋ
Ë ɣäththäth
Ë ɣënynyëny
Ë göŋŋöŋ
Ë ŋuäŋŋäŋ
Ë cokkok
Ë garrar
Ë weerrer
Ë toŋŋoŋ
Ë nyonyony
Ë kauɣau
Ë thërrët
Ë tummum
Ë koŋŋoŋ
Ë gɔrrɔt
Ë gɔ̈ɔ̈rrɔ̈t
Ë riettet
Ë panynyany
Ëgueuweu
Ë mëuɣëu

Ë rieppep
Ë menynyeny
Ë lorror
Ë lokkok
Ë löökkök
Ë luäkkäk
Ë luekkek
Ë liekkek
Ë lɔttɔt
Ë boiyoi
Ë tɔllɔl
Ë kommom
Ë dollol
Ë këŋŋëŋ
Ë nyinyiny
Ë tuppup
Ë tuullul
Ë timmim
Ë tuŋŋuŋ
Ë tuarrat
Ë reŋŋeŋ
Ë raŋŋaŋ

Ë päuɣäu
Ë mënynyëny
Ë luänynyäny
Ë luppup
Ë lukkuk
Ë lemmem
Ë luammam
Ë luakkak
Ë doiyoi
Ë joŋŋoŋ
Ë ɣɔnynyɔny
Ë döllöl
Ë keŋŋeŋ
Ë nyummum
Ë gäiyäi
Ë täppäp
Ë tenynyeny
Ë tuekkek
Ë tuïnynyïny
Ë tuerret
Ë ŋemmem
Ë rennen

# THOŊ DU PEEI

Luɔɔi, wuɔ̈c de akeer ku aguieer de thuɔŋjäŋ.

Ë reekkek

Ë ruttut

Ë ruettet

Ë ŋueŋŋeŋ

Ë liettet

Ë tuirrit

Ë bäyäŋ

Ë nyurrut

Ë luïnyïny

Ë kɔrrɔt

Ë gäräc

Ë cuuththuth

Ë cueccec

Ë nyuanynyany

Ë buyuï

Ë kuthuŋ

Ë wuääu

Ë biliny

Ë thäänynyäny

Ë konnon

Ë cooththoth

Ë curru

Ë rɔmmɔm

Ë ruättät

Ë rueŋŋeŋ

Ë dhurru

Ë dhunynyuny

Ë dhääŋŋäŋ

Ë bëdiŋ

Ë dhörröt

Ë gɔnyɔny

Ë tɔrrɔk

Ë nɔkkɔk

Ë commom

Ë cuppup

Ë ŋɔnynyɔny

Ë buyuŋ

Ë borrou

Ë karak

Ë thierreu

Ë thɔiyɔi

Ë thuäŋŋäŋ

Ë yurrut

Ë wëccëc

Ë nyommom
Ë duakkak
Ë dhonynyony
Ë nhiemmem
Ë thänynyäny
Ë bäccäc
Ë panynyany/paanynyany
Ë poccoc
Ë tubuu
Ë kuämmäm
Ë käuɣäu
Ë tïrrïr
Ë barrat/barraat
Ë peppep
Ë thellen
Ë juerret
Ë mëkkëk
Ë juenynyeny
Ë kuarraac
Ë juäŋŋäŋ

Ë jööŋöŋ
Ë nyuenynyeny
Ë dhokkok
Ë ŋönynyöny
Ë banynyany
Ë poccoc
Ë perrer/peerrer
Ë poŋŋoŋ
Ë kuemmem
Ë nhiammam
Ë tirrir
Ë kuirit
Ë perret
Ë göttöŋ
Ë dhellel
Ë jurrut
Ë jirric
Ë guarrar
Ë kuallany
Ë cörröt

**THOŊ DU PEEI**

Luɔɔi, wuɔ̈c de akeer ku aguiɛɛr de thuɔŋjäŋ.

## Luɔɔi du 11

1. Löm wël ke thiëër në ke wël tɔ̈u nhial kë yiic ku tääu ë keek në jam yic.
2. Gät ë wël ke thiëër piny wël liu në ke wël tɔ̈u nhial kë yiic.
3. Kon acï gɔ̈th aka lɔ thok ------ bii (a) nhiemmem (e) nyonyony (i) cuuththuth (o) curru
4. Mïïth aa cï lɔ ------ aa cï kɔc dak (a) duekduek (e) kuenykueny (i) däkdäk (o) döördöör
5. Mɛnh piɔ̈c në cäth ee cath ë (a) jɔmjɔm (e) lɔnylɔny (i) kärkär (o) looŋlooŋ
6. Yee ŋö cïn piɔ̈u lɔ ------ wu ya yee ŋö ca maan? (a) kuamam (e) ŋɔnynyɔny (i) kak (o) nyuanynyany
7. Dup a dit guɔ̈p a lɔ -----.
8. Deŋ a tueny acï lööny piny ë ------.
9. Mac acï root biɔ̈k wïr yic ë ----.
10. Lual aci bën ku nyuuc ë -------- në ageen thok ku jɔl guɔ jäl.
11. Mäth dï a cieŋ alanh lɔ ------ cï waak në kït kuɔ̈t yiic.
12. Ye wët nou në ke wël kë yiic cïï root thëny deŋ (a) ë ballany (e) ë billiny (i) ë bërët (o) ë karak

13. Akɔ̈ɔ̈n ee liac në pëi juëc awär läi juëc kɔ̈k. Ye yic ka ye lueth.
14. Kɛŋguruu atɔ̈u Athueruelia ye tök. Ye yic ka ye lueth
15. Raan lɔ nom kuemmem ee raan lɔ nom loococ. Ye yic ka ye lueth
16. Kë lɔ jurrut ee kë cek. Ye yic ka ye lueth
17. Ye wët nou mat lueel ka wët yic ke jɔɔŋŋɔŋ?
18. Ë nyänyäny ee kë -----.
19. Ë doidoi ee kë ----.
20. Wuɔ̈c yï anyaŋnyanŋ kennë adeerdeer ka cïï kë wuɔ̈c?
21. Ye wët nou thöŋ ke cuaŋëcuaŋ?
22. Ë duëëŋduëëŋ ku aduuŋduuŋ aa ye wët tök. Ye yic ka ye lueth.
23. Wuɔ̈c yï agurbiöök ke bäthɔl ye dï?
24. Ye köör ye lony ka cïï ye lony? Wuau të ye täk ye.
25. Yee ŋö ye lueel de wun de mätluɔɔny?
26. "Kä ke wän tök wël ë rißm ke wei" ee wët de (a) awan-kërkekuäu (e) aŋuï-malek (i) köör-yɔ̈ɔ̈rdït (o) kuac
27. "Na ɣa tɔ̈u, ee kee të kën në ye kën në looi ye tënnë" ye wët ë aye lueel ya ye wët de (a) abiɲic (e) ajïth (i) guuk (o) Anuɛtnuɛt

**THOŊ DU PEEI**

Luɔɔi, wuɛ̃e de akeer ku aguieer de thuɔŋjäŋ.

28. Jiëëŋ acï ruɔ̈ɔ̈n tek yic naa ŋuan cïmɛn de wëër ye piny root/rɔt waar (thɛɛ cïn dëŋ ku thɛɛ nɔŋ dëŋ). Yee kä kou kek ye rin ke ye wëër ye piny root/rɔt waar ë? (a) areu, mäi, wët thel jɔ̈k, aguarpiny (e) duruaal, abiɔ̈ŋ, ruël, biaŋdet (i) këër, ruël, rut, mäi (o) rut, këër, mäi, ruaal

29. Yee ŋa në ye kɔc kë yiic cïï ye cɔ̈l wut paan de Tuïc në Jɔŋkulei (a) Bol (e) Mabiöör (i) Manyɔk (o) Amɔ̈u

30. Ye wun nou yen tɔ̈u në Kotnyaŋ (a) Adöl (e) Atët (i) Biöŋ (o) Dëër

31. Ye paan nou në ke bëi kë yiic yen cïï ye paan de Nyarweŋ (a) Ajuëëny (e) Colla (i) Pakam ë Luk (o) Paguiith

32. "--- päl kë piath de nyïïr ku ya kë weŋ (kɔn) kɔɔr abak kë yök. Piath de nyïïr atɔ̈u në piny nom ageer. Kë pieth ee kë ye dhiëëth në lan ɣɔn ------." Ke wël kë kaa ye wël ke (a) Gërëŋ Deŋ de Maketh (e) Gërëŋ Col de Bul (i) Gërëŋ Ageer Arɔk (o) Gërëŋ Deŋ Ajak

33. "Kɔc kuɔ jɔl ku moth në jam rac, piny ee riääk anäi, nhialic arac ke paan kuc jam kek ka ye kä ye pawɛɛr ke lɔ dhuk thïn --." Raan nɔŋ ke wël kë ee (a) Manyiëël Malek Manyiëël (e) Akɔ̈i Mayɔm Deŋ Col (i) Leek-Manyiëël (o) Ŋɔ̈ɔ̈r Dääu Ŋɔ̈ɔ̈r

34. Ye ŋa në ye kɔc kë yiic, yen ye lueel ya ye raan töŋ de kɔc tueeŋ ë ke kɔn thök në jamya (Piny Ciɛɛm de Thudän) (a) Gërëŋ Alëu Anyaŋ (e) Gërëŋ de Wärabɛk (i) Gërëŋ de Mabiöör (o) Madiŋ de Gërëŋ Tɔŋ

35. "Juɔr Ayuääl yen ka kït wuɔ̈ɔ̈t gomiin" aa ye wël ke (a) Maŋök Deŋ Gɔ̈c (e) Jurkuc Bäräc (i) Adöör Apiŋëjöt (o) Cuɔɔr Akec Cuɔɔr (Biɔl de Dhiëër)

36. "Majök ku dan diëën de ayen de Gäk wää aye ɣen käŋ liääp ku mayɔm de wää aye ɣen kë cï kuëët dhiɔ̈i yic ee." Ye din nɔŋ yic ke wël kë yë, ee din (a) Abiaŋ (e) Anuɔɔk (i) Abek (o) Ayuël

37. "Kuir ë wää nɔŋ nom lɔ luɛɛk ku bën bei abï ya kë dië" ye wët ë ee wët de (a) köör (e) jöŋ roor (i) aŋuï (o) këroor

38. Adhiëuweŋ, Jak, Manyaŋ, Majak ku Mayen. Ke rïc kë aa tɔ̈u paan de Tuïc, ye kë rïc ke wuɔ̈t kou? (a) Dacueek, Abek, Adiaŋ, Ɣɔ̈l ku Kuac (e) Ayuääl, Kɔŋɔ̈ɔ̈r, Adhiɔɔk, Awuliaṇ ku Akonycɔk (i) Ayuääl, Abek, Kɔŋɔ̈ɔ̈r, Nyɔpiny ku Ɣɔ̈l (o) Abiɔɔŋ, Cir, Bërë, Ayoliel, Abek

39. "Maɣou! Maɣou! Acïn mön de tik ca kɔn dheen. Kën wëu thök gïrïc/gïrcen acï lɔ ke tiŋ de möu." Ye din nɔŋ ke wël kë yë, ee din de (a) Dääu Deŋ Ajak (Dääu-

## THOŊ DU PEEI
Luɔɔi, wuɔ̈c de akeer ku aguieer de thuɔŋjäŋ.

Maraau) (e) Acol-agööt (i) Dabek-Maguäŋ (o) A kuc ë raan nɔŋ yeen

40. "Thondit ye cɔɔl Nyɔpiny ee, ayï wën bï ɣa deer aba muɔɔk piny ë bit" ka "yee ŋö cï jur lɔ wɔŋwɔŋ ke ɣa -----. Ɣɛn man awuɔŋwuɔŋ majöŋ ë Gäk wää, ɣɛn man awuɔŋwuɔŋ maŋäär dï yee." Ke diɛt nɔŋ yiic ke wël kë kë aa ye diɛt ke (a) Makuɔl Panyaaŋ (Thoncamkäke) (e) Ayuël Wärabɛk (i) Deŋ Gäk Mayen (Deŋ-Gak) (o) Maketh Arɔk Maketh

41. Juaarbiɔŋ aa ye rin ke (a) raan (e) babuur (i) löör (o) riän wïïr

42. Ayen këlei ku nyanroor aa ye löör yaath ke yï (a) Akonycɔk ku Kuac (e) Ayoliel ku Abiɔɔŋ (i) Adiaŋ ku Abiɔɔŋ (o) Bërë ku Anok

43. Yee ŋa yen ye raan de kɔc tueeŋ ye lueel ya yen në kɔn alanh bär kuɔ̈l ka bantolloon cieŋ paan de Tuïc (a) Kiir Monycol (e) Ajääŋ Acuɔ̈ɔ̈th (i) Gërëŋ Köɔ̈c (o) A kuc

44. Ye kë yï ŋa në ke kɔc kë yiic kek cï juur ke ŋuan töu në Jɔŋkulei kɔn mat nïm piny në mäc. Juur nɔŋ yiic Ɣɔ̈l, Nyarweŋ, Tuïc ku Boor (a) Biöör Aguër ku Col Adöl (e) Monykueer Mabuur ku Ajak Biöör (i) Deŋ Malual ku Ajääŋ Duɔ̈ɔ̈t (o) Aa kënnëke kɔn mac në raan tök

45. "Ruöön de makarawiil (bäkitwiil) acï ɣɛn rok dïl yic ku lar Boŋgo Matok ca kuur moc yic. Ca kuur moc yic në Boŋgo paan yennë kɔc luöi nut ku thaburdem. Acii ye të ŋic (yïn) biɔl de dhiëër cuɔɔr ba rot luɔɔi piny -----. Ɣɛn në mäi roor ku na lɔ këër bën miäk ɣɛn Malual Deŋ Cuɔɔr ba lɔ luaŋ da mabeek. Ca weŋ ret yic në matoŋ dië nɔ̈k dan de Bol. Ɣɛn kën anyol biɔɔl ku ɣɛn kën lɔ jäl Boŋgo laa dhuk. Ɣɛn (kën) cïï ye lɔ kat në medhän yic." Ye din ë ee din de mony (a) Adhiɔɔk (e) Nyarweŋ (i) Abiɔɔŋ (o) Ayuääl

46. Dacueek ee nom diäk. Ye yic ka ye lueth

47. " këriëëc ëbën aye thɔ̈ɔ̈ŋ atɔu cimɛn de mɛnhduun de kaai ku raau bec thok. Ke ka ye yï dɔc pïïr ku bïk kë yï jɔt nyin në pïïr du yic." Ye din nɔŋ ke wël kë yë, ee din de (a) Akuööc Maŋuir (e) Deŋ de Jöbol (i) Ajak Maɣɛɛr (o) Atëm Magueer

48. Ye kë yï ŋa në ke kɔc kë yiic ŋic keek arët paan de Tuïc ku paan de Nyarweŋ në tïït loi thok den. (a) Mamer ë Waaidït, Deŋ Köracuɔl, Adiɛɛr Adïbäny (e) Diiŋ de Magak, Biöör Aguër, Kiir Majökathiëëk, (i) Nyaŋ ë Lual, Lual Ajök, Abul Adöör (o) Ayiikdïït de Kuɔɔt, Juak Boŋbeek, Lual de Ajök.

49. "Yee ŋö ye we ya luk ku ya ŋot ke ya cït piöu mɛn wään." Ke wël kë aa ye lueel ya ye kë wël ke  (a) Duööm de Wärabɛk (e) Jok de Wärabɛk (i) Atëm-Tunyjuur (o) A kuc ë ke raan ë luel keek.

50. "Ca dhiɔp yup nom abï bër de rɔu ŋuëën ---." Ye din nɔŋ yic ke wël kë yë, ee din de muɔny (a) Awulian (e) Adhiɔɔk (i) Ayuääl (o) Adiaŋ

# 12. AWUËUDÏT/AƔATBƐ̈ƐP

Wël bukku ke tïŋ piiny ë tënnë aa ye wël ye käŋ ber wuau arët ku ɣok kë ke nïïm nhial apɛi cïmɛn töu ë arët yic dïït ë.

1. Maar a ril **ëtör**
2. Kɛɛu a piɔl **arët yic dïït ë.**
3. Baai acï nom riɛɛr në riɛɛr **dït arët yic**
4. Gon a dït köu acï cuai **arët yic dïït ë.**
5. But ë cäm në mïïth pieth ee kɔc cɔk pieth gup **arët yic**.
6. Gërëŋ abï bën **ëmɛnnë**
7. Paan de Mapoot atöu në piom thok ë të **tui**.
8. Mum ee rëër ë **tënnë** në thaa thiin wën ci wan.
9. Matol akën piöu thök të nɔŋ nyan wään cop, aŋot ke nhiɛɛr **arët yic dïït ë.**
10. Deŋ ee töu paan de Jok në **nyindhie**.

## Luɔɔi du 12

1. Gät ë wël ŋic keek ke ke ye käŋ wuau arët piny
2. Ku na ca ke gät piny ke yï nyuɔɔth täu den në jam yic.

# 13. AŊƆI, ARËKRËK KU ALÖK RIN YIIC KA ALÖK NYÏN YIIC.

Aŋɔi ku arëkrëk në thuɔŋjäŋ yic aa ye wël thii thiek yiic në thok yic. Aa ye thok tuëët ku rek kë wël ago wïn cïnnë wël mai köth në jam ku gäär yic naŋ ye yic ku piŋ root të nɔŋ kɔc jam ku kɔc piŋ ke. Ke wël kë, aba ke nyuɔɔth nyïn ëmääth ye tënnë ku ka caa ke bï tääu në jam yic cïmɛn cï ɣɛn ye looi në baŋ dïït de ye athöör ë yic.

Ye baŋ cï döŋ ë, abï jɔl lɔ ya kë du yïn ŋɛk. Kä ba ke nyuɔɔth nyïn ëmääth ëtënnë, aa ye wël dïëëŋ ke kek, ago ŋic ye kä kou kek ye aŋɔi ku ye kä kou kek ye wël ye wël rek ku jɔl ya wël ye röt löök në nyïn ke rin yiic cïmɛn töu ë rin ke kɔc, piny, bëi, läi, diɛt, käm ku rin juëc kök.

**Aŋɔi/atuër**: në, de, ë, ye, yen në ke, yen në, yic, të, ya ku jɔl ya aŋɔi juëc kök.

**Arëkrëk**: ku, në kë, në ŋö, ëya ku jɔl ya wël thii juëc töu në ye akut ë yic.

**Alök rin/nyïn yiic**: yïïn - ɣɛɛn, yïïn – yeen, wuɔɔk – week, wɔ – we, da – du, dï/dïë – duɔ̈n, wuɔɔk – keek, kuɔ - kuɔ̈n ku jɔl ya wël juëc cï kutëkut tɔ̈u në ye akut ë yic.

## Wël ye rin ke kɔc, läi ku piny nyuɔɔth:

**Nyan/nyï** – Nyanluaak, Nyïbol, Nyïjur ----

**A** – Adut, Atëm -

**Ma** – Mayen

**Mony** – Monyluaak, Monycol ---

**Pa/Paan** – Pajiëth, Paandäk ---

**Ca/Cï** – Cagäi, Cawuɔ̈ɔ̈c, Cïpiŋ, Cïmaan ---

**Wär** – Wärabɛ ---

**Jö/jɔŋ/Jur** - Jöbol, Jögaak, Jɔŋkuc, Jurkuc ---

**Ka/Ku** - Kacuɔɔl, Kulaŋ, Kudiɔ̈ɔ̈r, Kudum ---


## Luɔɔi du 13

1. Tääu ë ke aŋɔi kë në jam yic; në, de, ye, yic
2. Bɛ̈i ë aŋɔi kɔ̈k kën në ke gät në ke aŋɔi tɔ̈u nhial kë yiic.

## THOŊ DU PEEI
Luɔɔi, wuɔ̈e de akeer ku aguieer de thuɔŋjäŋ.

3. Tääu ë ke arëkrëk tɔu nhial kuï tääu keek në wïïn ke jam yiic.

4. Ku gät ë wël kɔ̈k ke kek gät ë ke piny wël liu nhial ë të tuï

5. Tääu ë ke alök rin yiic tɔu nhial kui tääu ë keek në wïïn ke jam yiic.

6. --- ye ger në riän wïïr.

7. Kɔc ke paan ---- aa tɔu në Yuganda ku kɔc kɔ̈k aa tɔ̈ Yïthiöpia

8. Awan ayïk ɣön de nyan -- në dom nom.

9. -- cukku ke tiit arët yic dïït ë ee -- ku thɔ̈ɔ̈ŋ ke -- bï dɔc bën.

10. Kɔc --- aa nhiaar röt ku ka ye mïth --- ŋïc tïŋ ku ka kok alɛi ye bën të nɔŋ ---- ëya.

11. Mapuɔ̈t -- Makuur aa cï nɔŋ kaam bäär yic ke – kën bɛr yök.

12. Kɔc --- aa nɔŋ ŋïc në kä nhial.

13. Acïï ye raan ëbën --- ye kuaŋ, kɔc kɔ̈k aa kuc kuaŋ.

14. Yee mäth – lueel yë dï?

15. ---- wɔ dhie -- bï lɔ pathuɔ̈ɔ̈u de Guɔ̈r miäk aka cïn raan töŋ de -- bï tɔu baai miäk në thɛɛ athëi.

16. Ye --- ye yï ŋa ke kä bï bën në Kenbara ë në miäk tuï?

17. Ye riän ----në ë ɣɔc të no?

18. Aköl -- pɛɛi aa ye piny meer nom në meer wääc.

19. Ajïth aa thai mïth --- në deŋ yic.

## Wël nyooth loi looi ke kɔc ku rin kɔ̈k thiek yiic në Thuɔŋjäŋ yic

Aciëu

Ajuɔɔŋ/duthëth

Ayëëp

Awuɔ̈ɔ̈t/amaiɣɔ̈k

Dupiööc

Duyïk

Duŋɔ̈ɔ̈r

Duluk

Dutït

Dudöör

Aguïïr/duguïïr

Apeeth

Atooc/Thɔny

Dupuk/Dupuur

Dulëk

Dugëm

Dulum

Dupïr/alueeth

Dudöm

Dukuny

# THOŊ DU PEEI

Luɔɔi, wuɔ̈c de akeer ku aguieer de thuɔŋjäŋ.

Akim

Ajiëëm

Dutïït

Abäkeeny/anëm

Duwëët

Acɔk

Aluaak

Jɛɛk/bääny

Adubiök

Thaikolajɛth

Duɣööth

Aruëëth

Riëk

Awak

Padimaduëët

Akɔlweŋ (akalweŋ)

Loŋkuac

Duguëŋ

Dukët

Abakök/abaköök

Dumuk

Dugër

Acïbäny

Rem de tɔŋ/apuruuk

Ŋɔ̈ɔ̈ŋ

Adhuëŋ

Thaikaituërïth

Kïïc

Adhukwuïïn

Thuuth

Ariëël

Pamiaayɔɔm

Anyïgäär

Yuaai

| | |
|---|---|
| Amuɔ̈tɔɔŋ | Adiɛɛrlöör |
| Alɔrɛɛm | Anëm |
| Duet | Wetdeloth |
| Gökaköön | Thiënger |
| Anyuɛɛr | Diöŋ/luuŋ |
| Amiathnoon | Aguak |
| Aduɛɛl de akuɛm | Thökyöl |
| Dhö | Thonduööl |
| Piööt | Kör |
| Määr aköl | Ciëërayööl |
| Aduɔlceth | Adöl-kiriik |
| Wët thel jök | Wët lɔ jö thïïc |
| Apuruut-Amɛthdiöör | Gömpïu |
| Paweny | Atoroŋ |

Aderwut

Abeer/rɛɛŋ/töör/dɛɛr/ajuɔɔŋ/löth//cuï/ayöm/gaar

| | |
|---|---|
| Thuluny | Mïr |

# THOŊ DU PEEI

Luɔɔi, wuẻc de akeer ku aguieer de thuɔŋjäŋ.

| | |
|---|---|
| Muuk | Mëën |
| Dul | Kuëëk |
| **Rin ke bëi** | **Kɔc** |
| Abɔ̈rɔ̈m | Abɔ̈rɔ̈ɔ̈m |
| Agaar | Agar |
| Atuɔ̈t | Atut |
| Aliau | Aliap/Aliɛɛp |
| Anyuaak | Anyuak |
| Tuïc | Tuiëc |
| Nyarweŋ | Nyarweeŋ |
| Ɣɔ̈l | Ɣäl |
| Boor | Buɔɔr/Bɔɔr |
| Bëër | Bër/Buɔ̈ɔ̈r |
| Nuëër | Nuër |
| Kiëc | Kïc |
| Culuk | Culuuk |
| Jiëëŋ | Jiëŋ |

| | |
|---|---|
| Ŋɔɔk | Ŋɔk/Ŋak |
| Lith | Lïth |
| Ajuöŋ | Ajuuŋ |
| Pakëër | Pakër |
| Athööc | Athöi |
| Gök | Gäk |
| Gawëër | Gawër |
| Doŋjɔl | Doŋjɔɔl |
| Tony | Tuɔny |
| Tapotha | Tapothaai |
| Turkänna | Turkännaai |
| Jurcol | Juurcol |
| Thɔny | Thany |
| Pathuyïth | Pathuyïïth |
| Kuac | Kuëc |

**THOŊ DU PEEI**

Luɔɔi, wuɔ̈c de akeer ku aguieer de thuɔŋjäŋ.

## Kuɛɛr yen në ke ciɛm thin

Thuɔŋjäŋ anɔŋ kuɛɛr cï yen ke të yen në ciɛm thïn wuɔ̈i ku guiir thïn. Alëu bï kɔc kɔ̈k gɔ̈i gup yee ŋö ye thuɔŋjäŋ kä ye lɔ thok në kuɛɛr thöŋ tek yiic cïmɛn töu e cäi ku cuaai. Në yic, ke kaa ye pïu tuc ke dhie ku ka kën në Jiëëŋ ke tääu në akut tök yic, aa wuɔ̈c ë kuɛɛr ye kek ke lɔ thok thïn keek në cöt. Kuɛɛr dïëëŋ ke të yen në ciɛm thïn akï:

**Cäm**

Kuïn, käm, awai,tap, cuga/thukar ku kɔ̈k ye cam

**Cuët**

Läi ku kä nɔŋ rïŋ ke dhie, rëc (adiöŋ) ku kɔ̈k töu në ye akut ë yic

**Dëk**

Pïu, cäi, maditta, ca ku kɔ̈k

**Yɔ̈u**

Cuaai ku kä tuc kɔ̈k ye ke yööp

**Ruëth**

Ca ku kɔ̈k tɔ̈u në ye akut

**Mäth**

Tap

**Yuër/yuët**

Rap ku kɔ̈k

**Nyi**

Bël, tap, wäl ku kɔ̈k tɔ̈u në ye akut ë yic

**Guït**

Aläwa, thääu, laŋ ku tiim juëc nɔŋ rɔŋ

**Juɔ̈i**

Yuɔɔm, mïeu ku kä juëc kɔ̈k

**Kuïn**

Yuɔɔm

**Dɔ̈r/ŋöt**

Tuur aköt, ŋïer de thääu, maŋga ku kɔ̈k juëc ye ke ŋööt

# THOŊ DU PEEI
Luɔɔi, wuɔ̈c de akeer ku aguiɛɛr de thuɔŋjäŋ.

## Muk

Nyum, thukar ku kä juëc kɔ̈k ye ke mo/mok

## Rëm

Ɣeer, tɔŋpiiny (tɔŋpiiny kën në ke guɔ̈ɔ̈r), yuɔɔm, rap ku kɔ̈k ye ke reem

## Läp

Pïu, ca, riɛm ku kɔ̈k

Në thök de, ke ka ya thɔ̈ɔ̈ŋ ke wɔ cï kä thiek yiic kɔɔr ku ke bukku ke ŋic në thuɔŋjäŋ yic jak nyïn cïman tɔ̈u ë akeer, luɔɔi den ku wuɔ̈c den. Bï raan thok ŋic abï ya gɔ̈ɔ̈r ku gueel apieth, aye gɔl në akeer ke thok ku të ye kek luui thïn në thok yic. Cïmɛn cï wɔ ye tïŋ në ye buŋ ë yic, akeer ke thuɔŋjäŋ aa nɔŋ nïm lon dïït lɔwai. Guiëër cïnnë ke guiir bï naŋ akeer dheu ku akeer yäu acï thok cɔk kɔ̈c yic ëmääth të nɔŋ kɔc juëc kɔɔr bïk thuɔŋjäŋ ŋic në gäär ku kuën. Acï yic pial ëmääth ëmënnë bi raan wuɔ̈c de wël në cɔ̈t yen në ke cɔɔl dɔc poc thook në ŋö akeer yäu aa cï tɔ̈u.

Ba määt yic, ke piath ku yic thieek, cil ku miɛt de thok atɔ̈u në guiëër de të cïnnë ye guiɛɛr thïn yic. Thoŋ cï kɔc nɔŋ nïm yeen guiir ku nhiaar kë yen në ke thoŋ ye rum ku lööm në wël ke thok kɔ̈k. Ku na ye thok yen ye wël lɛi wel aa bïk kë ya wël ke, ke ye thoŋ ë anɔŋ wadë. Ku yïk nhial de ee yic pial arët në ŋö wël juëc ke thok kɔ̈k aa lëu bïk kë ya wël ke. Cïmɛn ŋic wɔ ye, wël juëc ke thok kɔ̈k aa lëu bï thuɔŋjäŋ ke ruɔɔm thïn ku mɛt ke në ye yic cïmɛn wën cï yïn ye tïŋ në buk yic ë. Ye kën në, a thieek yen yic arët të nɔŋ Muɔnyjäŋ bï thoŋ de guiir ku gët piny cïmɛn de të ŋic yen ye thïn ku të kɔ̈ɔ̈r yeen.

Muɔnyjäŋ acï piöc, aŋic kä juëc ye cieŋ ku pïïr cɔk lɔ tueŋ apieth. Kë yen dak nyin arët ee gäär, kɔc juëc aa kuc gäär de thuɔŋjäŋ ku thok kɔ̈k. Ku ka ya gam në ke run dïëën bö tueeŋ kë yiic, ke ye kën në abï root/rɔt waar në ŋö anɔŋ buɔ̈k/athöör dïëëk cï ke gɔ̈ɔ̈r töu ëmɛn thiin ë ku buɔ̈k juëc bï bën bei në thɛɛ bö tueeŋ bï kɔc weei piɔ̈ɔ̈th kɔc kɔɔr bïk kë röt piɔ̈ɔ̈c në thuɔŋjäŋ. Në ye kaam gäär γen ke wël kë yë, ke ka nɔŋ ŋäth ku weei de piɔ̈u në ŋö thuɔŋjäŋ acï Muɔnyjäŋ lɔ ke deet yic apieth mɛn na rëk ke thoŋ de a thöŋ ke thok ke kɔc kɔ̈k ye kë ke lɔ kueen paan abun. Ku ka thiek yic, në ŋö thoŋ du ee kë du, ku kë du, ee ya kë du në akölriëëc thok ëbën në γän ke dhie. Thoŋ du, cieŋ du ku kuɛɛr kuɔ̈ɔ̈n ke pïïr kek ka ye yïn ke ya raan ku kek ka yen në ke yïn riëëu ku theek kë ke yïïn në raan dë. Në käŋ nïm ke dhie, ke ka cïn raan dë lëu bï thoŋ du

## THOŊ DU PEEI
Luɔɔi, wuɔ̈c de akeer ku aguieer de thuɔŋjäŋ.

ku cieŋ du guiir ku wuɛu keek apieth abï yï lëu piɔ̈u ke cii ye yiïn yïn raan nɔŋ keek.

# Adhukniïm de kä cï thiïc

**Luɔɔi du 1**

5. Piɔmabiɔɔr/Piɔmdebiɔɔr, Laarakel, Laŋacuk/Laŋëcuk, Aböröm, Leek, Aguil, mem, Biaar, jëër, ɣou, ëɣomɣom, akutnom, ëɣöm, ëɣak, ëɣok, ɣɔu, Nyäny, Wucuŋ, Patuur, Naidiit, Magöt, Muɔnyjäŋ, kiïc, diöör, ɣeeiyoou, Pakëër, akuŋuɛɛt, buöör, yomtooc, anyiɛunyiɛu

6. (o) 7. (a) 8. (e) 9. (e) 10. (i) 11. (e) 12. (e) 13. (o) 14. (o) 15. (i) 16. (i) 17. (e) 18. (i) 19. (a) 20. (i) 21. (i) 22. (i) 23. (a) 24. (e) 25. (i) 26. (o) 27. (i) 28. (e) 29. (o) 30. (i) 31. (e) 32. (i) 33. (i) 34. (o) 35. (i) 36. (o) 37. (e) 39. (i) 40. (e) 41 (a) 42. (e) 43. Yic. 48. (o)\

**Luɔɔi du 3**

    8. gääu 9. Gaau 10. Kɔm 11. dim dïm 14. Kë du 15. (i) 16. (e)

**Luɔɔi du 9**

    2. ee cï

    4. kööl ë

    6. ŋot, bï, miäk

    8. nyindhie/akölriëëc

# THOŊ DU PEEI
Luɔɔi, wuɔ̈c de akeer ku aguiɛɛr de thuɔŋjäŋ.

9. (o) 10. (e) 11. (i) 12. ee 13 (a) 14. (o) 15. (i) 16. (e) 17. acï 18. a 19. ye 20. Lueth

## Luɔɔi du 10

2, (i)

3. (i)

4. yic

## Luɔɔi du 11

3. (i)

4. (i)

5. (i)

6. (o)

7. Buththuth 10. commom 11. gualgual 12. (a) 13. yic 14. Yic 15. lueth 16. Yic 26. (e) 27. (o) 28. (i) 29. (e) 30 (a) 31 (i) 32. (a) 33. (o) 34 (e) 35 (o) 37. (i) 38. (i) 39. (a) 40. (i) 41. (o) 42. (i) 43. (a) 44, (i) 45. (o) 46. Lueth 47. (i) 48. (o) 49 (e) 50. (i)

## Luɔɔi du 13

6. yiïn

7. duɔ̈n

8. de

9. we, ye, we

10. kuön, ken, keek

11. ku

12. kuɔ

13. yen

14. du

15. wuɔɔk, wɔ, wɔ

16. kek

17. duöön

18. ku

19. ken

**THOŊ DU PEEI**
Luɔɔi, wuɔ̈c de akeer ku aguieer de thuɔŋjäŋ.

## Buɔ̈k ba ke kueen:

Bol-Mawut Deŋ Bol (2014) Gum Ë lik

Makuëi Mabiöör Deŋ (2010) Piööc ku Thuɔŋjäŋ

Bol Deŋ Bol, Thiɔ̈ɔ̈ŋ Nyaŋ Anyaaŋ, Madiŋ Adöör Akɔ̈l, Alëu Arɔk Deŋ ku kɔc kɔ̈k (1995) Lok ku tueŋ në thuɔŋjäŋ

Arɔk Alëu Arɔk (2016-2017 aŋoot kueer yic) Cieŋ, Dök ku Yath: Piath ku yic thieek de cieŋ deTuïc.

Arok Aleu is a South Sudanese by birth and an Australian by naturalisation. He was born in the former Province of Upper Nile in Jonglei – Twic East County. During the Sudanese second civil war he went to Ethiopia where he commenced his primary education, Kenya and finally resettled in Australia where he received BSW from the University of Tasmania.

When he resided in Kenya (Kakuma Refugee Camp) Arok was much involved in editing, writing and teaching Diɛt (songs) ke Jiëëŋ ku Thuɔŋjäŋ for more than nine years. He was one of the contributors and editors of Lokku tueŋ në Thuɔŋjäŋ - a book that containing short stories of Jiëëŋ. He helped in interpretation and translation of English to Thuɔŋjäŋ for Thuɔŋjäŋ speakers.

He is currently working on other **Thuɔŋjäŋ** works, including Jiëëŋ short stories and a bit longer book;

# CIEŊ, DÖK KU YATH:
## Piath ku yic thieek de Cieŋ de Tuïc.

In which he inquisitively explores Tuïc social values and other aspects of Jiëëŋ worldviews that are ingrained in Jiëëŋ cultures which are usually expressed through the usage of Thuɔŋjäŋ. How its creative powers are controlling people's everyday life including their thinking, perception, self-understanding, interpretation and how they interact and relate to their environment.

www.ingramcontent.com/pod-product-compliance
Lightning Source LLC
Chambersburg PA
CBHW031417290426
44110CB00011B/420